swissmonographies
Ensemble Chauderon AAA

Christina Haas, Harald R. Stühlinger

Christoph Merian Verlag

Sommaire

Préface	12
Contexte	16
Ensemble	30
Genèse	60
Place de travail	132
Narration	144
Culture du bâti	160
Épilogue	172
Remerciements	178
Fiche technique	182
Bibliographie	183
Impressum	184

Contents

Foreword	13
Context	17
Ensemble	31
Genesis	61
Workplace	133
Narrative	145
Building culture	161
Epilogue	173
Acknowledgements	179
Datasheet	182
Sources	183
Colophon	184

Préface

Lausanne, début des années 1960. Les autorités lausannoises projettent la création d'un nouveau centre urbain excentré, contenant des fonctions administratives, tertiaires et commerciales, à la Place Chauderon. Envisagé comme un pendant à la Place Saint-François et à Bel-Air, il s'inscrit dans une logique de nécessaire transformation de la structure traditionnelle de la ville pour la rendre apte à répondre à l'accroissement de la circulation automobile induite notamment par la construction imminente de l'autoroute Lausanne-Genève.

[1] Paul Dumartheray (1910–1989).

[2] Colin Buchanan (1907–2001).

[3] Le groupe d'architectes Team X a été fondé entre autres par Alison (1928–1993) et Peter Smithson (1923–2003) à l'occasion du 9e Congrès international d'architecture moderne (CIAM) en 1953 et a critiqué l'urbanisme du modernisme classique.

[4] Jean Prouvé (1901–1984).

A l'ère de l'automobile : l'ensemble administratif et commercial à la place Chauderon (1960–1974) – conçu et réalisé par l'Atelier des Architectes Associés (AAA), en collaboration avec Paul Dumartheray[1] – s'inscrit en quelque sorte dans la lignée de l'« architecture de la circulation » préconisée par Colin Buchanan[2] dans son rapport Traffic in Towns, publié à Londres en 1963, un best-seller dont le retentissement chez les architectes et urbanistes est notoire.

Par sa physionomie spatiale et bâtie, cet ensemble fait aussi écho à la notion de cluster théorisée par les membres du Team X[3] dans les mêmes années : une centralité faisant coexister plusieurs fonctions mixtes et différents types de mobilité, induisant des échanges sociaux. Ceci est particulièrement perceptible dans « l'esthétique de la connexion » des passages, rampes et escalators des niveaux inférieurs de la place, positionnés stratégiquement par rapport aux flux des piétons.

Détachés du sol, les immeubles accueillant les locaux administratifs et tertiaires semblent léviter dans les airs, les plateaux des cinq niveaux étant suspendus par une superstructure en acier appuyée sur quatre piliers en béton armé. L'image « moderniste » qui en découle repose donc sur une mise-en-œuvre audacieuse impliquant des portées vertigineuses. Mais l'exploit est aussi technologique, notamment au niveau de la conception et de la réalisation des enveloppes des bâtiments.

En effet, les façades constituées de panneaux préfabriqués en aluminium éloxé, autoportants et percés d'ouvertures aux verres athermiques réfléchissants et arrondis aux angles, sont d'une très haute technicité. Le développement particulièrement complexe de cet « habillage » s'est basé sur de nombreux essais en laboratoire et, dans ce sens, l'appui de Jean Prouvé[4] comme expert-conseil a certainement été rassurante, tout en accordant un certain prestige à l'opération.

Foreword

Lausanne at the start of the 1960s. The Lausanne municipal authorities are planning to create an ex-centric urban center on Place Chauderon outside the old core city, which is to house administration offices, service and retail spaces. In contrast to Place Saint-François and Bel-Air, it is based on a need to transform the traditional urban structure. This transformation is required to deal with the increase in motorized traffic, which will result from the imminent construction of the Lausanne – Geneva motorway.

[1] Paul Dumartheray (1910–1989).

[2] Colin Buchanan (1907–2001).

[3] The architects group Team X was founded by Alison (1928–1993) and Peter Smithson (1923–2003), among others, during the 9th "Congrès International d'Architecture Moderne" (CIAM) 1953 and was critical of the urban planning of classic modernism.

[4] Jean Prouvé (1901–1984).

It is the era of the automobile. The administration and retail ensemble on Place Chauderon (1960–1974)—designed and built by Atelier des Architectes Associés (AAA) in collaboration with Paul Dumartheray[1]—reflects the idea of what is called "traffic architecture", for which Colin Buchanan[2] argued in his book *Traffic in Towns*, published in 1963 in London—a best-seller that met with a very positive response from architects and urban planners.

The spatial structure and the buildings of the ensemble also represent the idea of the "cluster", the theoretical basis which was developed by the members of Team X[3] around the same time: a centrality in which a mix of functions and different kinds of mobility co-exists, inducing social exchange. This is shown particularly clearly in the "aesthetics of connection" as expressed by the passageways, ramps and escalators of the square that lies at a lower level, which are strategically positioned to suit the movement patterns of pedestrians.

The five-story office and services buildings hover in the air, detached from the ground. The floor slabs are hung from a steel structure that rests on four reinforced concrete piers. The "modernist" image produced is the result of a daring realization and dizzying spans. The achievement is also a technological one, especially as regards the design and construction of the building envelope.

The façades of prefabricated anodized aluminum panels—self-supporting, the openings filled with reflective, heat protection glazing with rounded corners—demonstrate a very high technical standard. The development of this "envelope" was a particularly complex process that required numerous laboratory experiments, whereby the support of Jean Prouvé[4] as an expert consultant undoubtedly provided confidence. And, not unimportantly, he lent the project a certain prestige.

Despite all the remarkable aspects mentioned—including openness to international tendencies, a new

Et pourtant… Malgré tous les points remarquables qui viennent d'être évoqués – ouverture aux courants internationaux, nouvelle esthétique de la connexion, prouesses techniques et technologiques, entre autres – cette architecture souffre encore d'un déficit de connaissance et de reconnaissance. On peut cependant constater un certain éveil, encore en devenir, mais réel, de l'intérêt du public : par leur position en tête de pont, leurs volumes lisses et élancés, leurs façades lisses aux reflets argentés et orangés, les immeubles à la place Chauderon sont devenus iconiques, jouant de nos jours un rôle de repère et de signe dans le paysage urbain du centre lausannois.

Comme il a été relevé et comme l'auteur et l'autrice de la monographie le démontrent avec acuité, il est indéniable que cette opération de grande qualité a revêtu, dans les années 1960 et 1970, un aspect novateur et expérimental : elle était manifestement dans l'air du temps, dans un esprit avant-gardiste. Dès lors il faut souligner l'importance de cette publication dans une perspective de valorisation, à travers un regard renouvelé, de l'un des jalons marquants de l'architecture moderne suisse de la deuxième moitié du 20ème siècle.

Bruno Marchand

Foreword

aesthetic of connections, impressive technological and technical achievements—this architecture is still too little known and appreciated. However, a certain awakening of public interest is noticeable; it is still at an early stage but nevertheless very real. Through the position at the bridge, the slender volumes, and their smooth silver and orange shimmering façades, the buildings on Place Chauderon have become icons. Today they are a point of reference and a symbol in the urban landscape of Lausanne's inner city.

As the authors of this monograph clearly show, this high-quality building project from the 1960s and 1970s has undeniably innovative and experimental aspects. Reflecting the spirit of its time, the ensemble is unmistakably avant-garde. In this context the importance of the present publication should be underlined. By adopting a new perspective, it contributes to the appreciation of one of the most important milestones of modern Swiss architecture from the second half of the twentieth century.

Bruno Marchand

Contexte

Fig. 1 Carte des environs, Lausanne, Lac Léman / Map of surrounding area, Lake Geneva

Context

Contexte

Lausanne, capitale du canton de Vaud, s'étend le long d'une pente orientée vers le sud, sur la rive du lac Léman, et s'élève à plus de cinq cents mètres jusqu'aux collines boisées et montagnes du plateau suisse. La superficie actuelle de la ville, incluant une enclave forestière située au nord-ouest, va de l'embouchure de la rivière de la Chamberonne au sud-ouest jusqu'aux pentes riches en forêts du Jorat, plateau à l'est. |Fig.1| Le dénivelé du versant sud n'est pas uniforme, il présente différentes déclivités et le relief est par endroits très accidenté.

À la fin de la dernière période glaciaire, lorsqu'un énorme glacier commença à fondre et à se retirer progressivement vers l'est (vallée du Rhône), diverses particularités topographiques émergèrent sur le territoire citadin actuel de Lausanne, telles que dépressions, gorges, crêtes exposées, collines ou failles.

Près de 150 mètres au-dessus du lac Léman se dresse une colline de molasse de la dernière période glaciaire. À partir du IVe siècle après J.-C., un nouveau peuplement s'y installa, à la suite de l'abandon de l'ancienne cité romaine dans le quartier ouest de Lausanne – aujourd'hui Vidy – celle-ci, située directement au bord du lac, étant difficile à défendre. On reporta le nom de la ville romaine, Lousonna, au nouveau site d'installation.

La colline est séparée des élévations topographiques environnantes par des entailles plus ou moins profondes. Depuis des milliers d'années, deux cours d'eau, l'un sur le flanc ouest (aujourd'hui la Louve), l'autre sur le flanc est (le Flon), ont érodé le terrain en direction du sud. Au sud de l'élévation centrale du site, les deux cours d'eau se rejoignent et coulent de là, déviés par un morceau latéral du dernier glacier, d'abord vers l'ouest. Après plusieurs centaines de mètres, l'eau se dirige finalement vers le sud, pour aller se déverser dans le lac. Au fil du temps, la crête de moraine pris la dénomination de Montbenon, nom qu'on retrouve encore aujourd'hui dans plusieurs appellations de lieux. La Louve et le Flon formaient à eux deux un obstacle difficile à traverser tout en offrant une protection pour les nouvelles installations. Ils sont à ce jour caractéristiques de la structure urbaine et de la physionomie de la ville de Lausanne. Après leur confluence, ils coulent conjointement en tant que Flon, nom attribué dans un premier temps à la vallée naturelle puis à ce qui est, de nos jours, un quartier animé de la ville.

En raison des entailles topographiques au sein de la zone urbaine, de nombreux petits ponts enjambaient

Context

Lausanne, the capital of the canton of Vaud, spreads along a south-facing slope on the shore of Lake Geneva and rises more than five hundred meters to the wooded hills and mountains of the Swiss midlands. Today the urban area—with a piece of woodland on the northwest as an exclave—extends from the mouth of the small Chamberonne river in the southwest to the wooded slopes of Jorat, the upland to the east. |Fig. 1| The southfacing slope does not rise evenly, it has different gradients, at places the terrain is very rugged.

When, at the end of the last Ice Age, a huge glacier began to melt and retreat eastward (Rhône Valley), a number of topographical features such as depressions and ravines, exposed hill ridges and faults were formed on what is today the urban area of Lausanne.

About 150 meters above Lake Geneva there is a molasse hill from the last Ice Age. From the fourth century AD a new settlement was established there after the old Roman settlement, which was more difficult to defend and lay directly on the lake in what is today the western district of Lausanne-Vidy, had been abandoned. Lousonna, the name of the Roman city, was transferred to the new settlement. The hill is separated from the surrounding topographic elevations by incisions of different depths. Over thousands of years two rivers have created ravines in the terrain towards the south, on both the western flank (today the Louve) and eastern flank (the Flon).

To the south of the central settlement hill these two rivers meet and from there, compressed by a side moraine of the last glacier, the river initially flows westwards. After several hundred meters it then flows southwards into the lake. Over the course of time the hill ridges of the moraine were given the name Montbenon; which still exists today in several place names. The Louve and Flon both created barriers that were difficult to cross and offered protection for the new settlement and today they still shape the urban structure and the image of Lausanne. After their confluence, the river, now known as the Flon, flows further, it lent its name to the hollow that today is a lively part of the city.

The topographic incisions within the urban area led to the construction of numerous small bridges to span the Louve and the Flon. As early as the mid-sixteenth century a start was made with building over parts of these watercourses. In 1564 part of the Flon was covered over to create the Place du Pont. But it was only in 1812 that this strategy really took off. Initially parts of

[5] P., J.-F.: « La place Chauderon à Lausanne » dans : *Le Conteur vaudois. Journal de la Suisse romande*. Cahier 31, 1881, p. 3.

à l'époque la Louve et le Flon. Cependant, dès le milieu du XVIe siècle déjà, on commença à recouvrir à intervalles intermittents et irréguliers certaines sections des cours d'eau. Le Flon fut recouvert une première fois en 1564 pour créer la Place du Pont. Mais ce n'est qu'à partir de 1812 que cette méthode fut mise en œuvre de manière plus décisive. On canalisa des passages, d'abord dans diverses zones centrales de la ville, puis également aux alentours du centre-ville, pour aménager, sur le dessus, des rues praticables, voire des places.

Vraisemblablement au XIe siècle déjà, un premier rempart entourait la colline de la cathédrale, alors qu'un second offrait jusqu'au XIVe siècle une protection étendue à la basse-ville. À l'époque, le quartier le plus à l'ouest de Lausanne, Saint-Laurent – qui s'était développé au cours des XIIIe et XIVe siècles en tant qu'extension de la ville – n'était néanmoins déjà plus inclus dans l'enceinte des murs de la ville. Un parvis s'était formé devant la Porte de Saint-Laurent et au sud de la Tour de l'Ale, tour défensive construite en 1340. Alors que cette zone était très certainement vivement animée par divers commerces et échanges, certains ateliers artisanaux s'installèrent dans la vallée en contrebas, traversée par les eaux légèrement sinueuses du Flon. Des teintureries, des tanneries, des abattoirs et des boucheries de même que des moulins et des scieries utilisaient la force de l'eau à leurs fins. À l'emplacement de l'actuel Pont Chauderon se trouvait dès les débuts de l'époque moderne un petit pont traversant le Flon et portant le nom de « Chouderon » [*sic*][5]. Ce nom fut par la suite également attribué à la colline située au nord, appelée « En Chauderon », tout comme on avait appelé la colline à l'est « En Mauborget ». |Fig. 2| C'est ainsi qu'au fil du temps, le nom de « Place (de) Chauderon » s'imposa pour désigner la place située devant Saint-Laurent.

À partir de 1835, l'ingénieur cantonal Adrien Pichard s'attela à un concept de circulation visant à améliorer le trafic en ville. Il conçu une sorte de boulevard périphérique contournant les denses quartiers du centre urbain avec leurs rues étroites. De 1836 à 1861, son concept fut largement mis en œuvre au cours de quatre phases de travaux et poursuivi même après sa mort en 1841. L'un des ouvrages majeurs était le Grand Pont, pour lequel une solide substruction fut créée en utilisant des arcs massifs sur deux niveaux afin d'enjamber de manière permanente la vallée du Flon entre la Place

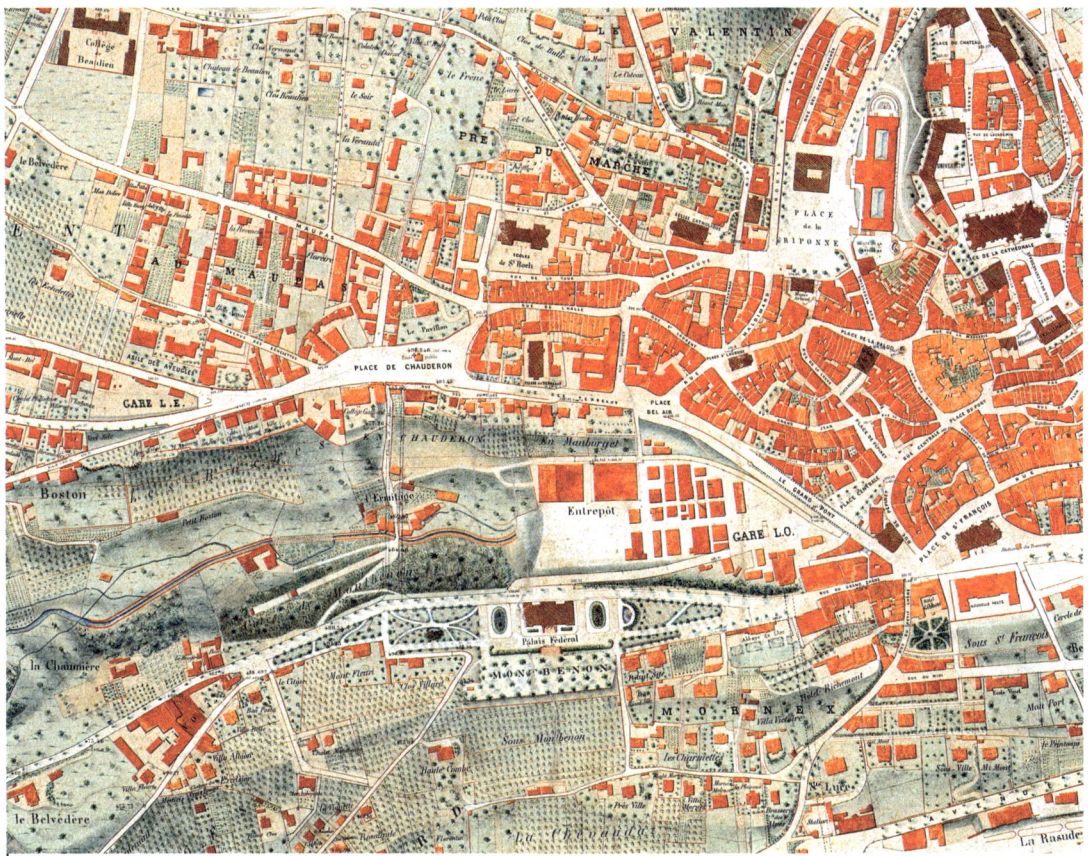

Fig. 2   Plan de ville de Lausanne, détail, non daté [1895–1900] / City map Lausanne, detail, undated [1895–1900]

the river in central areas of the city and later stretches outside the city center were canalized and roads and even public squares were then built over them.

A town wall probably already surrounded the cathedral hill in the eleventh century and by the fourteenth century a further wall provided protection for the lower city, too. However, Saint Laurent, the most westerly district of Lausanne at the time, which developed in the thirteenth and fourteenth centuries as an urban expansion area, was not enclosed by the wall. In front of the Porte de Saint-Laurent to the south of Tour de l'Ale, a defense tower erected in 1340, a public square developed. While this square was certainly filled with the hustle and bustle of commerce, in the valley below through which the Flon meandered a number of handcraft businesses settled. Dyers, tanneries, slaughterhouses and butchers as well as mills and sawmills all made use of waterpower for their businesses. Where the Pont Chauderon stands today, there was from

Fig. 3 — Vue ‹ En Chauderon › et ‹ En Mauborget ›, 1867–1876 /
View of 'En Chauderon' and 'En Mauborget', 1867–1876

Saint-François et la Place Bel-Air. La Rue du Faubourg de Saint-Laurent traversait le quartier médiéval de Saint-Laurent, où les maisons étaient alignées de part et d'autre sur des parcelles étroites. À l'arrière se trouvaient des jardins vivriers. La construction du Grand Pont modifia considérablement cette situation urbaine. À partir de 1845, la Route de France (plus tard Rue des Terreaux), tracée dans le prolongement du pont et au sud de Saint-Laurent, reliait désormais directement le quartier de Saint-François à la Place Chauderon. Ceci conduisit à la valorisation de cet axe routier au détriment de l'ancien axe de sortie de Saint-Laurent. Sans cesse, de nouveaux immeubles individuels furent érigés le long de la Rue des Terreaux, avec un maximum de deux étages du côté de la nouvelle rue, au nord, et un étage supplémentaire, au sud, en raison de la pente. Du même côté, de petits jardins étaient accolés et, encore au-dessous, les versants au sud de la vallée du Flon servaient pour la viticulture. |Fig. 3|

Le Flon coule encore aujourd'hui sous la Rue Centrale. Environ à l'endroit où la rue croise le Grand Pont, le Flon conflue avec la Louve. Le niveau qui s'était formé à cet endroit grâce à la canalisation du cours

[5] P., J.-F.: La place Chauderon. In: *Le Conteur vaudois. Journal de la Suisse romande.* Issue 31, 1881, p. 3.

early modern times a small bridge across the Flon that bore the name "Chouderon" [sic!].[5] It later gave its name to the slope to the north, which was called "En Chauderon" similar to "En Mauborget", which lay to the east of it. |Fig.2| In much the same way, over the course of time the open space in front of Saint-Laurent began to be known as "Place (de) Chauderon".

From 1835 Canton Engineer Adrien Pichard worked on a concept that would improve traffic connections in the city. He envisaged a kind of ring road that would surround the central, densely built urban districts with their narrow streets. Large parts of his concept were implemented in four phases between 1836 and 1861 and, even after his death in 1841, his concept was retained. One of the important structures was the Grand Pont, for which a massive structure of arches on two levels was created to permanently span the valley of the Flon between Place Saint-François and Place Bel-Air. The Rue du Fauxbourg de Saint-Laurent, lined on both sides by buildings on narrow plots, ran through medieval Saint-Laurent. Behind these buildings there were subsistence gardens. Following the erection of the Grand Pont the urban situation changed considerably. From 1845 the Route de France (later Rue des Terreaux), laid out south of Saint Laurent as a continuation of the axis of the bridge, connected the district of Saint-François directly with Place Chauderon. This led to the upgrading of the new traffic axis at the expense of the former Saint-Laurent radial road. On Rue des Terreaux free-standing houses were built one after the other. They faced northwards to the new street and on the street side were a maximum of two stories high, as they were built on a slope, they had a further story on the south side. To the south they were adjoined by small gardens, further below wine was grown on the south-facing slopes of the Flon valley. |Fig.3|

Today the Flon still flows beneath the Rue Centrale. The confluence of the Flon and the Louve is roughly where the Rue Centrale meets the Grand Pont. The ground level produced by canalizing the watercourse there ultimately became the starting point for a fifty-year-long process of backfilling to level the Flon valley. The first noticeable sign of these measures, which changed the appearance of the city, was the disappearance of the lowest series of arches of the Grand Pont underneath the new ground level, leaving the bridge a "Grand Pont" in name only. These works were carried

[6] Les descriptions suivantes sont basées sur l'analyse de photographies, d'illustrations et de plans provenant du Musée historique de Lausanne.

d'eau fut finalement fixé comme point de départ pour les cinquante années qu'ont duré les travaux de terrassement pour l'aplanissement de la vallée du Flon. Le premier signe visible de ces mesures transformatrices de l'image de la ville fut la disparition de la rangée inférieure des arcs du Grand Pont sous le nouveau niveau du sol, ce qui relativisa dès lors l'appellation « Grand Pont ». Ces travaux réalisés entre 1868 et 1876, correspondirent à l'achèvement d'une autre infrastructure de transport, le « Funiculaire Ouchy-Lausanne », un funiculaire (puis, à crémaillère) qui relie le bord du lac à la plaine du Flon. Pas à pas, le Flon fut canalisé en aval et le terrain remblayé. En 1921, une zone urbaine facilement aménageable s'était déjà développée jusqu'au Pont Chauderon. |Fig. 4|

Les changements urbanistiques du milieu du 19e siècle conduisirent à une transformation croissante de la Place Chauderon. La place fut nivelée et grâce à l'installation d'une balance publique connu une première revalorisation. Puis, à partir de 1863, ce fut l'installation de lanternes d'éclairage au gaz qui augmenta considérablement son attractivité et entraîna la construction de plusieurs maisons d'habitation. Une troisième amélioration fut l'aménagement de l'Avenue d'Echallens entre 1845 et 1848, à l'ouest, en direction d'Yverdon et de Genève.

En 1877, le Collège Galliard |Fig. 5| fut érigé à l'extrémité sud-ouest de la place[6]. Ainsi, à côté de la balance publique, un premier grand bâtiment public était désormais présent sur la place. Celui-ci abrita l'École de Commerce entre 1898 et 1915, puis l'École d'ingénieurs jusqu'en 1943. Du côté sud du Collège se trouvait un terrain remblayé et nivelé avec de nombreux arbres. |Fig. 6|

L'introduction des tramways en 1896 a entraîné de grands changements dans l'infrastructure des transports à Lausanne. La place Chauderon – en raison de la gare LEB (Lausanne-Echallens-Bercher) située à l'ouest de la place – a été intégrée au réseau de six lignes et dotée d'un arrêt. En 1907, la Tourelle Chauderon fut bâtie entre l'Avenue de France et l'Avenue d'Echallens, s'avançant avec sa tour d'angle caractéristique sur l'extrémité ouest de la place. Après l'acquisition de la parcelle nord-est de la place par le Crédit Foncier en 1905 et en remplacement de l'ancien, un nouveau bâtiment représentatif en béton fut construit entre 1908 et 1911, agrandi, en 1933, de six axes supplémentaires vers l'ouest.

Fig. 4 — Remblaiement progressif de la vallée du Flon, Pont Chauderon, 13.06.1921 / Progressive filling of the Flon valley, Pont Chauderon, 13.06.1921

Fig. 5 — Vue de la Place Chauderon avec le Collège Galliard (à droite), sans date [1885–1889] / View of Place Chauderon with Collège Galliard (right), undated [1885–1889]

Contexte

Fig. 6   Vue depuis Montbenon en direction du Collège Galliard, 1906 /
View from Montbenon towards Collège Galliard, 1906

Avec la progression du remblayage dans la vallée du Flon, on aménagea la Rue des Entrepôts (aujourd'hui Rue de Genève) en contrebas des terrains de la Rue des Terreaux, au nord du nouveau terrain dès lors aplani. Après une longue phase de planification et deux concours entre 1904 et 1905, le Pont Chauderon fut érigé pour relier la crête de Montbenon et la Place Chauderon avec une légère montée vers le nord. Il constitue le lien entre l'Avenue Louis-Ruchonnet, aménagée en 1901 et venant du sud, et l'Avenue de Beaulieu, axe construit en 1911, qui s'étend vers le nord et qui longe la Place Chauderon à l'ouest. Durant plus d'un demi-siècle, on accédait directement à l'extrémité nord du Pont Chauderon, respectivement à l'extrémité ouest de la Place Chauderon, en empruntant une ramification ascendante de la Rue des Entrepôts, depuis la zone industrielle du Flon. Lorsque la zone industrielle fut finalement étendue jusqu'au Pont Chauderon par les remblais entre 1921 et 1924, les deux tiers des piliers du pont, certains atteignant une hauteur de 36 mètres, disparurent dans le nouveau terrain aménagé.

En 1935, la Place Chauderon connu d'autres transformations, avec la démolition de la balance publique

Context

[6] The descriptions that follow are based on analyses of photographs, illustrations and plans from the Musée historique Lausanne.

out between 1868 and 1876, at the same time as the completion of a further traffic infrastructure facility, the "Funiculaire Ouchy-Lausanne", a funicular (later a rack railway) connecting the lake shore with the Flon plain. Step-by-step the Flon was canalized downstream, and the terrain was backfilled. By 1921 a flat inner-city area that could be easily developed had been created, extending as far as the Pont Chauderon. |Fig.4|

The urban changes in the mid-nineteenth century led to increasing changes in the appearance of Place Chauderon. The square was leveled and upgraded by the erection of a public weighing house. A second improvement was the introduction of gas lantern street lighting from 1863, making the area more attractive and leading to the construction of several residential buildings. A third was the construction between 1845 and 1848 of the Avenue d'Echallens, which ran westwards to Yverdon and Geneva.

In 1877 the Collège Galliard |Fig.5| was erected at the southwestern end of the square.[6] Now, alongside the public weighing house, there was also a larger public building on the square, which between 1898 and 1915 housed the École de Commerce and later, until 1943, the École d'ingénieurs. On the south side of the Collège there was a backfilled and leveled terrain with numerous trees. |Fig.6| The introduction of street cars in 1896 brought major changes to Lausanne's transport infrastructure, in which Place Chauderon—on account of the LEB (Lausanne-Echallens-Bercher) train station to the west of the square—was integrated in the network of six lines and was given a station. In 1907 the Tourelle Chauderon, a building with a prominent corner tower, was erected between Avenue de France and Avenue d'Echallens, at the western end of the square. The Crédit Foncier acquired the northeastern site on the square in 1905 and between 1908 and 1911 replaced the old building that once stood there with a representative new concrete building, which in 1933 was extended six bays to the west.

As the backfilling of the Flon valley continued, below the sites on the Rue des Terreaux, at the northern edge of the new, now level terrain, the Rue des Entrepôts (today Rue de Genève) was made. After a lengthier planning phase and two competitions the Pont Chauderon was built between 1904 and 1905, rising slightly northwards it connected the ridges of Montbenon and Place Chauderon. It represented a linking element

Contexte

Fig. 7 — Place Chauderon, vue vers l'ouest, sans date [1963–1975] / Place Chauderon, looking west, undated [1963–1975]

et la construction d'un grand arrêt de bus couvert. Puis on retira les rails des lignes de tramway et le transport public fut converti en trolleybus. Deux grands remaniements modifièrent profondément l'apparence de la place dans les années 1960. D'une part, la construction du tunnel routier en 1963, dont l'entrée et la sortie se trouvent au milieu de la place et qui prévoyait désormais une utilisation prioritaire de la place pour la circulation automobile. D'autre part, la démolition de l'École d'ingénieurs en 1961 ouvrit la voie à l'achèvement urbanistique de la Place Chauderon, même s'il faudra encore attendre près d'une décennie avant de pouvoir procéder à la construction de l'ensemble novateur. | Fig. 7 |

between Avenue Louis-Ruchonnet, which comes from the south and was laid out in 1901, and Avenue de Beaulieu, which leads north and was constructed in 1911, an axis that touches Place Chauderon in the west. Via a road that rises as it branches off from Rue des Entrepôts, for more than half a century one could directly reach the northern end of Pont Chauderon and the western end of Place Chauderon from the commercial district Flon. When, finally, the commercial district was extended by backfilling as far as Pont Chauderon, between 1921 and 1924 two-thirds of the bridge piers that were up to 36 meters high disappeared underneath the newly created ground level.

In 1935 Place Chauderon underwent further changes: the public weighing house was demolished and a large, covered bus stop was erected in its place. After that the streetcar tracks were ripped up and the public transport system changed to trolley buses. The two major interventions in the 1960s that substantially changed the appearance of the square were, firstly, the construction in 1963 of a street tunnel, the entrance and exit to which were at the center of the square thus giving motorized traffic priority there. The second important change was the demolition of the École d'ingénieurs in 1961, which paved the way for the completion of Place Chauderon in urban design terms, although it was to take almost a decade before construction of the pioneering ensemble could begin. |Fig.7|

Ensemble

L'ensemble de Chauderon est un élément urbain marquant à Lausanne, abritant des bureaux de l'administration municipale, une bibliothèque communale et un parking. Il est situé sur une parcelle presque rectangulaire d'environ 89 × 60 m. |Fig. 38| Limité au nord par la Place Chauderon, à l'ouest par le Pont Chauderon, au sud par la Rue de Genève, il est, à l'est, contigu à la Maison du Peuple[7]. Le développement du concept est le fruit d'une collaboration entre le cabinet d'architectes Atelier des Architectes Associés (AAA)[8] et l'architecte Paul Dumartheray ayant rejoint le projet en tant que consultant.

[7] La Maison du Peuple fut construite en 1961, l'année où l'École d'ingénieurs fut démolie.

[8] Guido Cocci (1928–2010), Alin Décoppet (1926–2015), Nicolas Petrovitch-Niegoch (1924–2017), Léopold Veuve (*1930), René Vittone (1927–2022), Michael-Robert Weber (1928–2000) et Roland Willomet (1926–2018) fondèrent le bureau AAA à Lausanne en 1961.

[9] AAA [/Dumartheray, Paul] : Rapport final. Février 1976, p. 13. Archives AAA, Archives de la construction moderne (ACM), Lausanne, Dossier 0029.02.0004/01.

À l'ouest, l'ensemble architectural complète un îlot urbain dont la Tour de Bel-Air constitue, à l'est, le point de départ. Les bâtiments de cet îlot suivent au nord l'alignement de la rue de Terreaux jusqu'à la Place Chauderon. |Fig. 8| Vers le sud, ils traduisent de façon architectonique les discontinuités de niveau vers la Rue de Genève, en contrebas de la vallée du Flon. |Fig. 9| Grâce à la création d'un espace piéton et à un programme spatial élaboré, incluant également des utilisations publiques, l'ensemble de Chauderon est devenu un centre secondaire moderne de Lausanne, offrant un contre-pôle à la Place Saint-François, tel que conçu et désiré tant par la ville que par les urbanistes[9]. |Fig. 10|

Une dimension monumentale se dégage des bâtiments tant depuis la vallée du Flon, en contrebas, que depuis la colline de Montbenon, située en face. La disposition des volumes de chaque élément de l'ensemble est harmonisée avec les axes routiers environnants, |Fig. 11|

Fig. 8 — Vue aérienne / Aerial view

Ensemble

The Ensemble Chauderon is a striking urban building block in Lausanne that houses offices of the municipal administration, a public library and a multi-story car park. It stands on an almost rectangular site measuring around 89 × 60 meters. |Fig. 38| To the north it is bordered by Place Chauderon, to the west by the Pont Chauderon, to the south by Rue de Genève, while to the east it adjoins the "Maison du Peuple."[7] It was designed by the architecture office Atelier des Architectes Associés (AAA)[8] and consultant architect Paul Dumartheray.

|Fig. 9| Vue de l'est / East elevation

[7] The "Maison du Peuple" was erected in 1961, the year the École d'ingénieurs was demolished.

[8] Guido Cocci (1928–2010), Alin Décoppet (1926–2015), Nicolas Petrovitch-Niegoch (1924–2017), Léopold Veuve (*1930), René Vittone (1927–2022), Michael-Robert Weber (1928–2000) and Roland Willomet (1926–2018) founded the Lausanne office AAA in 1961.

[9] AAA [/Dumartheray, Paul]: Rapport final. February 1976, p. 13. Estate of AAA, Archives de la construction moderne (ACM), Lausanne, Dossier 0029.02.0004/01.

In the west the building ensemble completes an urban block that starts in the east with the Tour de Bel-Air. In the north the buildings that make up the block follow the line of Rue de Terreaux as far as Place Chauderon. |Fig. 8| To the south they give architectural expression to the change of level to the Flon Valley below, up to the Rue de Genève. |Fig. 9| By creating a square for pedestrians and thanks to an intelligent program of spaces that included public functions the Ensemble Chauderon became a modern sub-center of Lausanne. The city planners wanted to establish a contrasting counterpole to Place Saint-François.[9] |Fig. 10| Seen from the lower Flon valley or from Montbenon hill opposite the buildings make a monumental impact. The positioning of the individual volumes responds to the axes of the surrounding streets, |Fig. 11| so that from all directions, and, in part, from far away, their gleaming silvery-bronze façades are present in the street spaces and are a powerful attraction.

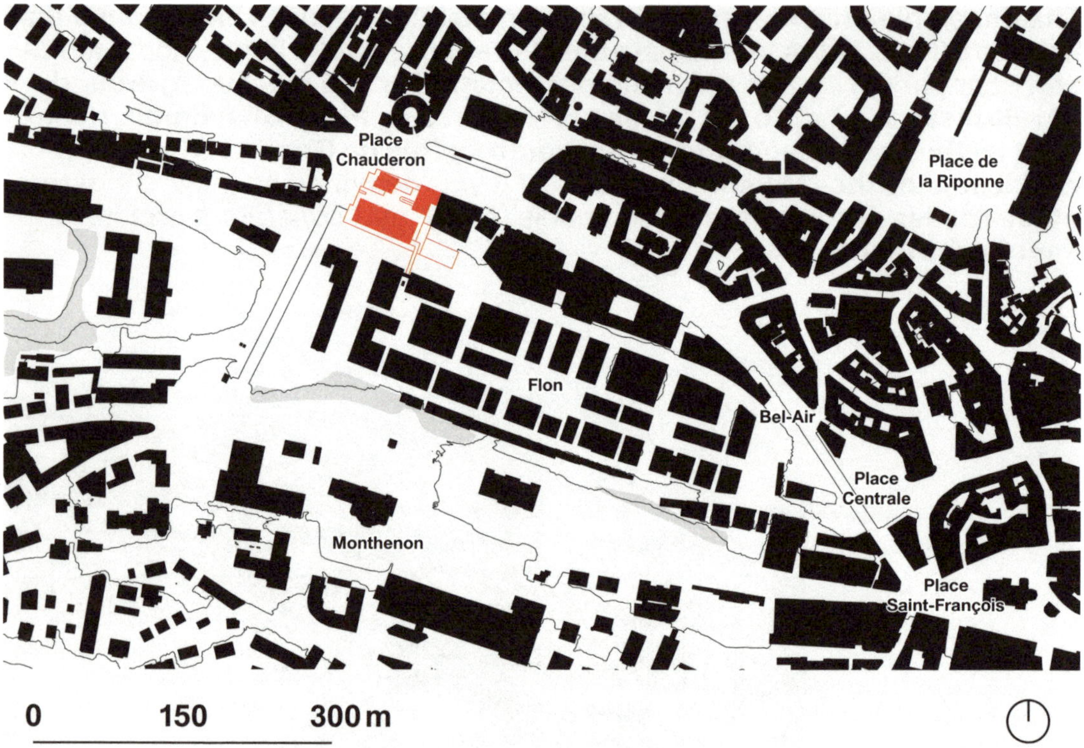

Ensemble

Fig. 10 — Plan du centre / Plan of center

Fig. 11 — Vue du nord / North elevation

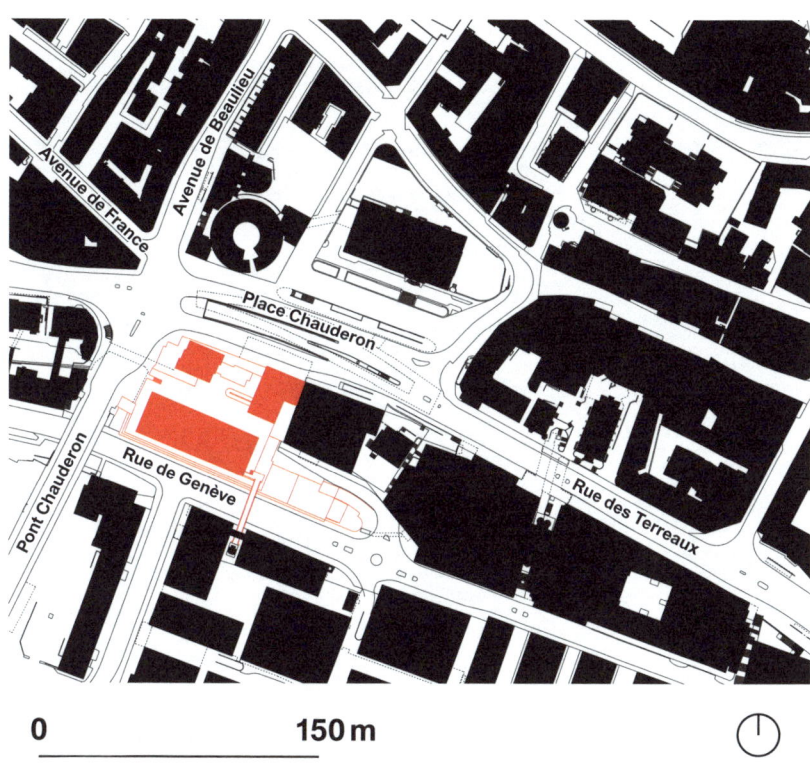

Fig. 12 | Plan de situation / Situation plan

The ensemble itself consists of three volumes, "Chauderon 7" in the northeast, "Chauderon 9" in the south and the "Bibliothèque" in the northwest of the site. | Fig. 12 | They stand on a plinth that connects Place Chauderon with Rue de Genève in the Flon valley about fourteen meters below and takes up almost the entire site. | Fig. 13/14 | A square that is screened from traffic noise extends between the building volumes and on top of the plinth building and towards the south becomes a covered terrace. | Fig. 15 | This public square is one story (3.30 m) below Place Chauderon and integrates the ensemble in the surrounding street spaces through a dense network of routes above and below ground. Chauderon 7 and 9 are both five-story volumes and hover above an open ground floor (US first floor). | Fig. 39 | While Chauderon 9 is a 22.70-meter-wide and 62.70-meter-long rectangle, Chauderon 7, with a width of 15.50 meters and a length of 26.30 meters, is considerably smaller. The two differently sized buildings are also positioned quite differently: Chauderon 9 is placed parallel to Rue de Genève, whereas Chauderon 7 is swiveled at 90° to it and thus faces towards the square and adjoins the

Ensemble

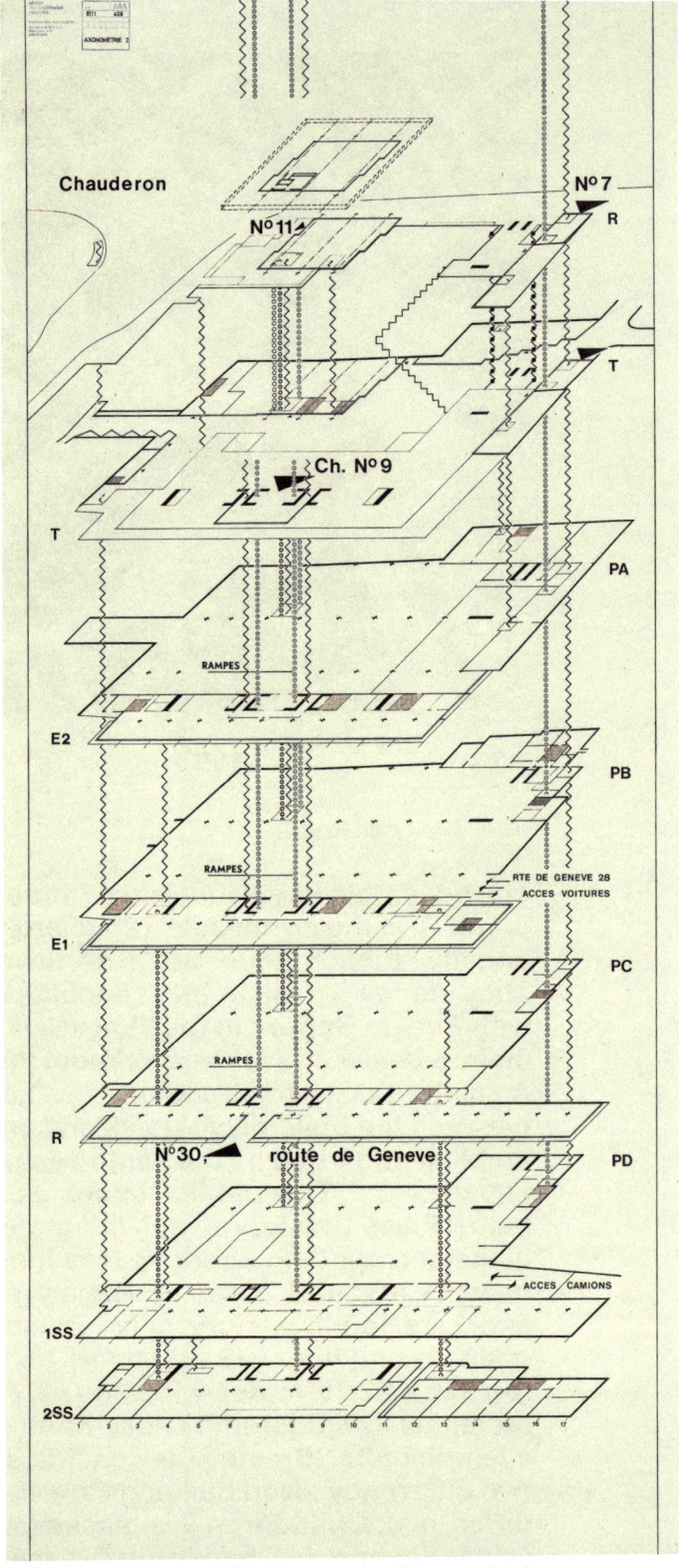

Fig. 13 AAA, bâtiment de socle et bibliothèque, axonométrie, sans date /
AAA, plinth building and "Bibliothèque", axonometric, undated

Ensemble

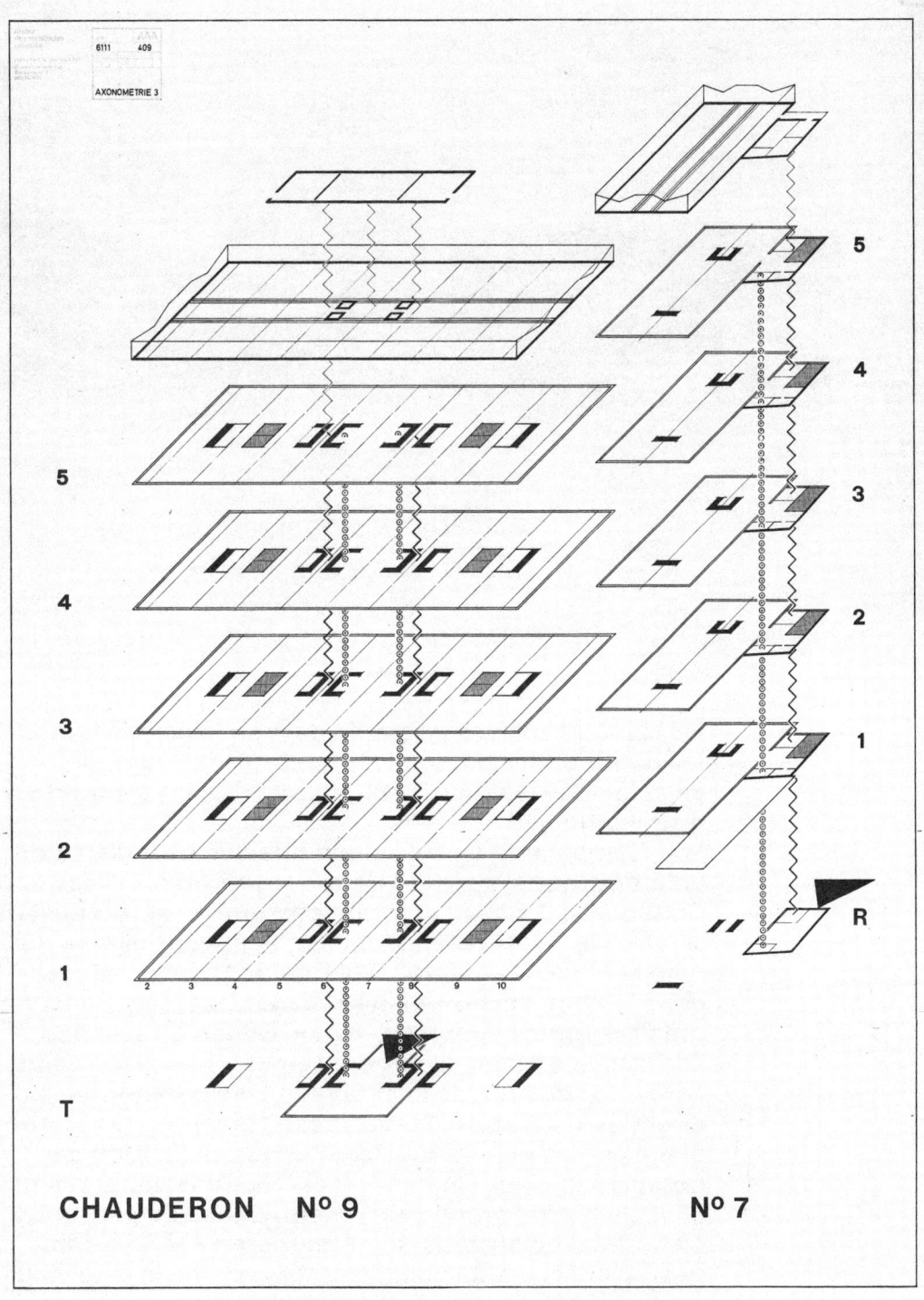

Fig. 14   AAA, Chauderon 7 et Chauderon 9, axonométrie, sans date /
AAA Chauderon 7 and Chauderon 9, axonometric, undated

Fig. 15   Place de l'ensemble, vue vers l'est / Ensemble square, looking east

les rendant visibles en partie déjà de loin dans toutes les directions, leur façade argent-bronze miroitant ici et là dans les rues, constituant un point d'attraction visuel attrayant.

    L'ensemble en soi se compose de trois éléments volumétriques, appelés Chauderon 7 au nord-est, Chauderon 9 au sud et la bibliothèque au nord-ouest de la parcelle. |Fig. 12| Ils reposent sur un soubassement qui relie la Place Chauderon à la Rue de Genève, située dans le Flon, environ 14 mètres plus bas, et qui occupe presque toute la parcelle. |Fig. 13/14| Située au sein des édifices et à même le soubassement, une place calme, car isolée du bruit de la circulation, se transforme, en direction du sud, en une terrasse couverte. |Fig. 15| Cette place publique est abaissée d'un étage (3,30 m) par rapport à la Place Chauderon et relie l'ensemble aux rues environnantes grâce à un réseau dense de passages en surface ou en sous-sol. Chauderon 7 et 9 se composent chacun d'un volume rectangulaire de cinq étages, posés en suspens au-dessus d'un rez-de-chaussée ouvert. |Fig. 39| Alors que Chauderon 9 se développe en un rectangle de 22,70 m de large et 62,70 m de long, le volume de Chauderon 7 est nettement plus petit avec

Fig. 16 — Vue depuis Chauderon 7 vers l'ouest / View from Chauderon 7 looking west

"Maison du Peuple." The "Bibliothèque" has only two stories and is therefore significantly lower, but its upper floor is on Place Chauderon, and the expressive projecting roof attracts one's attention. |Fig. 16|

Reaching the level of the public outdoor space, around 4000 square meters in area, involves overcoming a difference in height, whether one comes from Place Chauderon, Pont Chauderon or from the Flon valley. Stairs, ramps, escalators, and lifts are available for pedestrians, and there is even a slide for children. |Fig. 17/18| In the north and, to some extent, in the east and west the public open space is additionally lined by low buildings that cleverly bridge the difference in level between

une largeur de 15,50 m et une longueur de 26,30 m. Leur positionnement diffère également de manière significative : Chauderon 9 est aligné parallèlement à la Rue de Genève, tandis que Chauderon 7 est tourné de 90° par rapport à celle-ci, s'orientant ainsi vers la place et se rattachant à la Maison du Peuple. La bibliothèque qui ne comporte que deux étages est notoirement plus basse, mais son étage supérieur donne sur la Place Chauderon et son large toit expressif attire l'attention. | Fig. 16 |

Que l'on vienne de la Place Chauderon, du Pont Chauderon ou de la vallée du Flon, atteindre le niveau de l'espace public extérieur d'une superficie d'environ 4000 m² implique toujours de franchir le dénivelé. Pour cela, escaliers, rampes, escalators et ascenseurs ont été mis à la disposition des passant·e·s et les enfants peuvent même glisser sur un toboggan. | Fig. 17/18 | Au nord, ainsi qu'à l'est et à l'ouest, l'espace public est bordé en partie par des bâtiments de faible hauteur qui comblent habilement la différence de niveau entre la rue et la place. Abritant autrefois des boutiques, ils sont aujourd'hui utilisés par la bibliothèque et l'administration. La zone nord de la place centrale est principalement dédiée à la circulation : elle relie un passage piéton souterrain au nord, sous la Place Chauderon, à un second passage à l'ouest, sous le Pont Chauderon. Les architectes se sont efforcés de donner vie à cet espace en le concevant comme zone de rencontre et en y implantant des fonctions utilisées intensivement par le public. Destinées à la détente, la partie sud de la terrasse, surélevée d'un mètre par rapport à la zone de circulation, est accessible par des marches et revêtue de dalles en béton lavé. | Fig. 40/41 | À l'est et à l'ouest, deux érables, autrefois associés à des conifères, servent de limite et de transition. Entre eux se trouvent trois rangées de gradins, aujourd'hui dissimulés par une dense plantation de conifères dans des bacs en bois. | Fig. 19 | Pour augmenter l'attrait de cet espace extérieur, la ville de Lausanne a par la suite aménagé place et terrasse de bancs, tables, sculptures et récemment d'équipements de fitness de plein air. Partout où la terrasse n'est pas entourée de bâtiments, elle l'est par une balustrade en béton lavé et en métal orange – couleur de référence que l'on croise de manière répétée dans l'ensemble. Côté sud, la terrasse s'ouvre et offre des vues sur le paysage urbain lausannois. | Fig. 19 |

Les deux bâtiments de bureaux Chauderon 7 et 9 suivent les mêmes principes de conception. L'accès

Ensemble

Fig. 17   Escalier du pont à la place de l'ensemble / Stairs from Pont Chauderon to ensemble square

Fig. 18   Chauderon 9, escalier menant à l'espace extérieur couvert /
Chauderon 9, stairs leading up to covered outdoor area

Ensemble

Fig. 19 — Vue depuis la bibliothèque vers le sud / View from the "Bibliothèque" looking south

Fig. 20 — Chauderon 9, entrée principale / Chauderon 9, main entrance

[10] Today this area is separated by a milky glass wall and divided into office spaces.

the street and the square. They once housed boutiques, but today all of them are used by the library and the administration. The northern area of the central square functions primarily as circulation space. It connects a pedestrian subway in the north under Place Chauderon with a second one in the west, beneath the Pont Chauderon. The architects endeavored to bring life into this area by introducing functions used intensively by the public and by designing it as an encounter zone. The southern part of the terrace is an agreeable place to spend time, it is one meter higher than the circulation area, can be reached via steps and is paved with exposed aggregate concrete slabs. | Fig. 40/41 | Two maple trees in the east and the west—originally there were also conifers—mark both boundary and transition. Between them there are three rows of seating steps, which today are blocked by densely planted pine trees in wooden planters. In order to increase its attractiveness, the City of Lausanne later furnished the square and the terrace with benches, tables, sculptures, and outdoor fitness appliances. Where the terrace is not lined by buildings it is bordered by a parapet wall made of exposed aggregate concrete and orange colored metal—a directional color used repeatedly in the ensemble. Towards the south the terrace opens to offer views across the cityscape of Lausanne. | Fig. 19 |

The two office buildings Chauderon 7 and 9 follow the same design principles. The main access to Chauderon 9 is from the north at terrace level. | Fig. 20 | Four of a total of six columns that stand in a row in the middle of the volume are combined with a glass façade to create an entrance. This entrance leads into a central hall with lifts, behind which the staircases are located. | Fig. 21 | There was originally a reception area here, with a *hôtesse* for the entire ensemble.[10] Chauderon 7 has two much-used entrances: the first is from Place Chauderon, | Fig. 22 | the second is one story lower, on the level of the square, directly beside the exit from the northern underpass. | Fig. 23 | The circulation core is to the east in a seven-meter-wide volume. On Place Chauderon the façade of this circulation tower is set back two meters and creates an urban joint. It consists of folded concrete elements whose horizontal surfaces are infilled with matt Plexiglass to allow daylight to reach the staircase behind. Above the entrance there is a canopy, an element "borrowed", as it were, from the neighboring "Maison du Peuple".

Ensemble

[10] Aujourd'hui, cette zone est séparée par une paroi en verre dépoli et subdivisée en bureaux.

principal de Chauderon 9 se fait depuis le nord, au niveau de la terrasse. |Fig. 20| Quatre des six piliers, sont alignés au centre du volume et regroupés pour former une entrée avec une façade de verre. Cet accès mène à un hall d'entrée central avec des ascenseurs et, à l'arrière, les cages d'escaliers. |Fig. 21| À l'origine, on y trouvait une réception avec une « hôtesse » pour tout l'ensemble[10]. Chauderon 7 dispose de deux entrées bien fréquentées : la première, sur la Place Chauderon |Fig. 22| et la seconde, un étage plus bas, au niveau de la place intérieure, juste à la sortie du passage souterrain nord. |Fig. 23| Le noyau d'accès se trouve à l'est, dans un volume de bâtiment adjacent de 7 mètres de large.

Sur la Place Chauderon, la façade de ce noyau d'accès est en retrait d'environ 2 mètres, créant ainsi une jointure urbaine. Elle est composée d'éléments en béton pliés, dont les surfaces horizontales sont équipées de Plexiglas mat pour éclairer naturellement la cage d'escalier qui se trouve derrière. Au-dessus de l'entrée se trouve un auvent, élément emprunté, pour ainsi dire, à la Maison du Peuple adjacente.

La structure porteuse de Chauderon 7 et 9 est spectaculaire : des piliers et des murs en béton armé à l'intérieur du noyau des deux bâtiments supportent, à l'étage supérieur – le niveau porteur – deux longues poutres longitudinales en acier d'environ deux mètres de hauteur. Elles sont indiquées sur les façades transversales par deux encoches sur la bordure du toit. Des poutres en treillis en porte-à-faux, espacées de

|Fig. 21|
Chauderon 9, niveau de la place de l'ensemble, hall d'entrée /
Chauderon 9, level of ensemble square, entrance hall

Ensemble

[11] French for structure level.

The structure of Chauderon 7 and 9 is spectacular: reinforced concrete columns and walls in the cores of both buildings carry at roof top level—*niveau porteur*[11]—two long steel trusses around two meters high. On the short façades these trusses are indicated by two notches made in the edge of the roof parapet. Cantilevered lattice girders at 1.80-meter centers in the transverse direction rest on the trusses. The floor slabs of the five upper floors hang from these beams on extremely thin metal columns. This innovative construction allowed considerable freedom in planning the ground floor

Fig. 22 — Chauderon 7, entrée depuis la Place Chauderon / Chauderon 7, entrance from Place Chauderon

Fig. 23

Chauderon 7, entrée au niveau de la place de l'ensemble /
Chauderon 7, entrance on the level of the ensemble square

1,80 mètre, reposent sur les poutres en acier dans le sens transversal. Les dalles des cinq étages supérieurs sont suspendues à ces poutres par le biais de colonnes métalliques extrêmement fines intégrées à la façade. Grâce à cette construction innovante, le rez-de-chaussée put être conçu de manière ouverte et le nombre de piliers dans les étages put être réduit au minimum. | Fig. 45/46 | De plus, le système de piliers porteurs – et de là également la trame de façade des étages supérieurs – a pu être conçu indépendamment du parking situé dans les sous-sols. | Fig. 44 |

La façade rideau des deux bâtiments de bureaux se distingue par des panneaux de façade préfabriqués et autoportants de 1,80 mètres de largeur et 3,40 mètres de hauteur spécialement conçus pour l'ensemble. | Fig. 24 | À l'extérieur, les éléments en sandwich sont recouverts d'une tôle d'aluminium couleur argent mat et sont remplis de mousse de polyéthylène offrant rigidité, isolation thermique et phonique. L'aluminium argenté contraste avec les fenêtres encastrées en verre miroir bronze réfléchissant, disposant également d'une isolation thermique et acoustique intégrée. Les fenêtres ont les coins arrondis et sont entourées d'un joint en néoprène noir, évoquant la construction automobile ou aéronautique. Les joints verticaux entre les éléments de façade sont soulignés par un joint d'étanchéité noir qui court sur toute la hauteur en une seule pièce. Les éléments de façade préfabriqués contribuent largement à

Fig. 24

Chauderon 9, façade / Chauderon 9, façade

(US first floor) and enabled the number of columns on the floors to be minimized. |Fig. 45/46| In addition, it allowed the layout of the columns—and the façade grid of the upper floors—to be designed independently of the car parking levels in the basement. |Fig. 44|

The curtain wall of the two office buildings stands out on account of the 1.80-meter-wide and 3.40-meter-high self-supporting façade panels designed especially for this ensemble. |Fig. 24| Externally, these sandwich elements are covered with matt silvery sheet aluminum,

Fig. 25 | Chauderon 7, bureau avec vue vers le sud / Chauderon 7, office with view looking south

l'atmosphère des bureaux situés aux étages supérieurs. Ils sont revêtus, à l'intérieur, d'une tôle d'acier Zincor prélaquée dans une nuance de gris chaud et contrastent avec les grandes fenêtres teintées bronze et leurs stores en tissu intégrés, également couleur bronze. | Fig. 25 | Le chauffage et l'air frais de la climatisation sont intégrés dans le parapet d'un mètre de hauteur qui s'avance d'environ 30 cm dans la pièce. Le plafond suspendu de forme pyramidale en tôle de zinc perforée avec des tubes lumineux intégrés constitue un autre élément spatial

Fig. 26 — Chauderon 9, salle de conférence / Chauderon 9, lecture room

for stiffness and to provide thermal and sound insulation they are filled with polythene foam. The silvery aluminum contrasts with the bronze mirror glass that has integrated thermal and noise protection. The windows have rounded corners and are surrounded by a black neoprene seal that awakens associations with bodywork or aircraft construction. The vertical joints between the façade elements are emphasized by a black seal that runs in one piece the entire height of the building. The prefabricated façade elements play an important role in shaping the atmosphere in the offices on the upper floors. On the inside they are lined with Zincor steel sheet painted in a warm shade of gray, which contrasts with the large, bronze-colored glass panes of the windows and the integrated blind made of fabric that is also bronze-colored. |Fig. 25| The heating and the air intake for the air conditioning are integrated in the parapet that is around one meter high and projects about 30 cm into the space. The striking suspended pyramidal ceiling of perforated sheet zinc with integrated fluorescent tubes determines the character of the space. |Fig. 26| The soffit of the suspended ceiling is at the same height as the upper edge of the glazing in the façade panels, so that

Fig. 27

Chauderon 9, 5e étage, zone devant les ascenseurs / Chauderon 9, 6th floor, area in front of lifts

11
Des formes de toiture similaires se retrouvent à la West University of Timișoara en Roumanie (construite en 1964–1965) conçue par Hans Fackelmann (1933–1979) et à la Station fédérale de recherches agronomiques (SFRA) à Changins (concours : 1969, construite jusqu'en 1975) réalisée par Heidi (1928–2010) et Peter Wenger (1923–2007).

marquant. |Fig. 26| Son soffite se trouve à la même hauteur que le bord supérieur du vitrage des panneaux de façade, de sorte que la zone solide des panneaux au-dessus du vitrage n'est pas visible de l'intérieur, ce qui donne l'impression d'une hauteur intérieure plutôt basse.

L'expression architecturale de la bibliothèque à deux étages se distingue du reste de l'ensemble, car ici, le design d'entreprise de la société suisse allemande Mövenpick a fortement influencé sa conception. |Fig. 42| À l'origine, il y avait un restaurant Mövenpick au niveau de la place Chauderon et un restaurant Silberkugel au niveau de la place. L'étage supérieur du bâtiment est situé au niveau de la rue, ce qui lui donne une présence mais pas d'adresse à l'intersection de la place et du Pont Chauderon. |Fig. 28| Le bâtiment repose sur une base rectangulaire de 16,20 m sur 19,80 m, des saillies divisant les pans est et ouest de la façade en trois parties. Le pourtour de la façade est revêtu de lattes verticales dans des tons orange et brun, dans lesquelles sont encastrées des fenêtres horizontales arrondies. Le toit saillant de couleur gris clair est constitué de profilés métalliques en forme de U[11]. Les façades au niveau de la place furent considérablement modifiées dans les années 1980 lors de l'installation de la bibliothèque municipale dans les anciens restaurants Mövenpick et Silberkugel : à l'est, un porche couvert d'un toit arrondi sert désormais d'entrée à la bibliothèque. Derrière et parallèle à la rue, on rajouta une extension qui fait aujourd'hui office de salle de lecture.

the solid area of the panels above the glazing is not visible from inside, making the interior seem quite low.

The architectural expression of the two-story "Bibliothèque" differs from that of the rest of the ensemble, as here the corporate design of the Swiss German company Mövenpick exerted a strong influence. |Fig.42| Originally there was a Mövenpick restaurant on the level of Place Chauderon, and a Silberkugel restaurant on the level of the square. The upper floor of the building is at street level, so that it gives the ensemble a face at the junction of Place and Pont Chauderon but not an address. |Fig.28| The "Bibliothèque" is designed on a rectangular floor plan measuring 16.20 by 19.80 meters in which the east and west façades are divided into three by projections. The façade is clad on all sides with vertical profiles in shades of orange and brown, between which horizontal, rounded windows are inserted. The light grey projecting roof consists of U-shaped metal sections.[12] The façades at the level of the square were considerably changed in the 1980s when the public library moved into the former Mövenpick and Silberkugel restaurants: in the east a porch covered by a hemispherical dome serves as the entrance to the library. Behind it, parallel to the street, an extension that is used as a reading room was added. The shade of orange used in the original façade is taken up by these extensions but only in the metal frames of the glass façade. Two grey semicircles at the eastern corner of the south façade and one at the southern corner of the west façade today offer an indication of the original design. The orange-colored profiles defined grey areas of wall, rounded at the top, in each of which a circular window was made—the trademark of the Silberkugel restaurant chain in Switzerland.

The three buildings Chauderon 7, Chauderon 9 and the "Bibliothèque" are each connected with the plinth building by a circulation core. |Fig.27, 29–30| The plinth building presents a three-story façade to Rue de Genève on which prefabricated, 7.20-meter-long exposed aggregate intensively planted troughs resemble a cliff face covered with vegetation. |Fig.31| The size of the planting troughs allows hanging plants, shrubs and even small trees to be planted in them, so that in an otherwise urban setting the workers in the offices feel they are looking into a garden. Using planting troughs and planted roofs and terraces the architects created a complex garden landscape that develops on three sides of the

[12] Similar roof forms are found in the West University of Timișoara in Romania (built 1964–1965) by Hans Fackelmann (1933–1979) and in the Station fédérale de recherches agronomiques (SFRA) in Changins (competition: 1969, built up to 1975) by Heidi (1928–2010) and Peter Wenger (1923–2007).

Fig. 28 Bibliothèque et Chauderon 9 / "Bibliothèque" and Chauderon 9

Fig. 29 Bâtiment de socle, niveau de la Rue de Genève, hall d'entrée /
Plinth building, level of Rue de Genève, entrance hall

La couleur orange de la façade d'origine est reprise dans ces extensions, mais uniquement dans les cadres métalliques des façades en verre. Deux demi-cercles gris à l'angle est de la façade sud et un à l'angle sud de la façade ouest témoignent aujourd'hui de la conception originale. Les profilés de couleur orange délimitent des zones murales grises, arrondies en haut, dans lesquelles une fenêtre circulaire est encastrée – la marque distinctive des restaurants Silberkugel en Suisse.
  Les trois bâtiments Chauderon 7, 9 et la bibliothèque sont chacun reliés au bâtiment du socle par leurs

terrace and plays an important role in the view of the ensemble from the south. |Fig. 32| The design of the planters and the material used for them break up the monotony and length of the plinth building, which on Rue de Genève is almost 120 meters long. |Fig. 47| As a noise protection measure the façade steps back one meter per floor. Behind the planting troughs there is a glass façade made of the same shimmering, bronze-colored glass that is used in the windows on the upper floors. In the plinth building facing south there are offices and event spaces, behind it there is a car park building for around three hundred vehicles. |Fig. 43| In the east two ramps, on which there was once a gas station, lead from Rue de Genève into the underground garage. The terraced building in which the attractive green concept of the planters is continued eastward, creates an intelligent separation between the entrances to the underground garage and Rue de Genève. One of these is the truck entrance with an orange-colored telescopic door. |Fig. 33| The southern main entrance is on Rue de Genève, centrally positioned below the volume of Chauderon 9. At the southwestern corner of the site an external staircase leads from Rue de Genève to the level of the square, unfortunately today it can no longer be used by the public.

The color concept of Chauderon Ensemble is well thought-out. In the vertical buildings materials such as glass and metal are dominant, whereas in the plinth building different concrete finishes, in particular exposed

Fig. 30 — Bâtiment de socle, 1er étage, zone devant les ascenseurs et accès au parking à plusieurs niveaux / Plinth building, 2nd floor, area in front of lifts and access to multi-story carpark

Ensemble

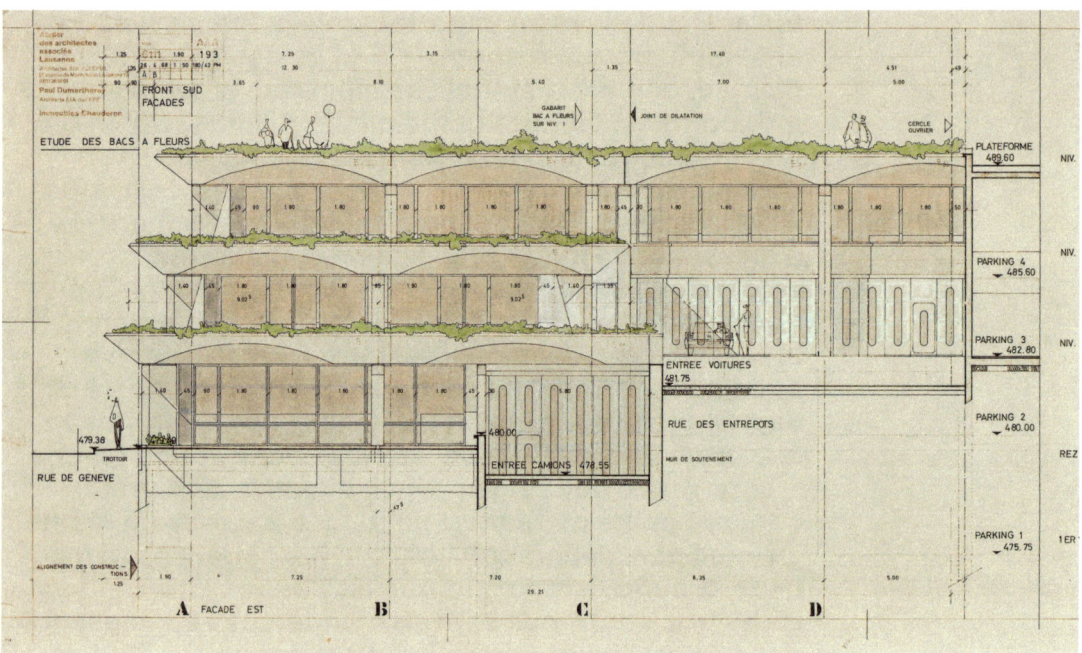

| Fig. 31 | AAA, Paul Dumartheray, bâtiment de socle, façade est, 26.04.1968 / AAA, Paul Dumartheray, plinth building, east façade, 26.04.1968

noyaux de circulation. | Fig. 27, 29–30 | Ce dernier présente une façade de trois étages donnant sur la Rue de Genève, où des bacs préfabriqués en béton lavé de 7,20 m de long, dans lesquels une végétation dense s'est développée, évoquent une falaise rocheuse verdoyante. | Fig. 31 | La taille des bacs permet d'accueillir des plantes grimpantes, des arbustes et même des arbres de petite taille, ce qui donne aux utilisateur·rice·s des bureaux situés à l'arrière l'impression d'un jardin au sein d'un contexte urbain. Avec ces bacs de plantation, des toits ainsi que des terrasses verdoyantes, les architectes ont créé un paysage vert sophistiqué qui se déploie sur trois côtés de la terrasse et marque significativement la vue sur l'ensemble depuis le sud. | Fig. 32 | La forme des bacs de plantation – une indentation arrondie dans un rectangle – ainsi que le choix du matériau rompent avec la monotonie et la longueur du bâtiment de base, qui s'étire sur près de 120 m en bordure de la Rue de Genève. | Fig. 47 | Ici, pour lutter contre le bruit de la route, la façade se retire d'un mètre par étage. Derrière les bacs de plantation se dresse une façade en verre du même verre bronze miroitant que les fenêtres des étages supérieurs. Au sud du bâtiment du socle se trouvent des bureaux et des salles de réception, et à l'arrière, un parking pour environ 300 véhicules. | Fig. 43 | Depuis la

Fig. 32   **Bâtiment de socle, façade sud / Plinth building, south façade**

Fig. 33   **Bâtiment de socle, porte du garage souterrain / Plinth building, door to underground garage**

[12] Pierre Jacquier (*1945).

[13] Jean-Claude Hesselbarth (1915–2015).

[14] Entretien inédit réalisé par Christina Haas avec Léopold Veuve à Palézieux le 02.02.2023.

Rue de Genève, à l'est, deux rampes mènent au garage souterrain, où se trouvait autrefois une station essence. Le volume en terrasses du bâtiment, sur lequel le concept attrayant de plantation se poursuit vers l'est, crée une séparation architectonique judicieuse entre les entrées du parking souterrain et la Rue de Genève.

L'une d'elles sert de rampe pour les camions et est équipée d'une porte télescopique orange. |Fig. 33| L'accès principal du côté sud se trouve Rue de Genève, sous le volume de Chauderon 9, au milieu de celui-ci. À l'angle sud-ouest de la parcelle, un escalier extérieur, malheureusement plus accessible au public aujourd'hui, mène de la Rue de Genève au niveau de la place.

Un concept de couleur bien pensé traverse l'ensemble de Chauderon. Alors que les matériaux tels que le verre et le métal prédominent dans les constructions verticales, le bâtiment du socle est constitué de différentes finitions en béton, en particulier du béton lavé et du béton à texture nervurée. |Fig. 34| À l'intérieur des bâtiments, mains courantes, portes et murs ont été réalisés en vert, bleu ou rouge rouille, tandis que l'orange et l'ocre représentent les couleurs principales de l'ensemble. |Fig. 35/36| Ce ne sont pas que les fenêtres qui scintillent dans une teinte brun orangé ; cette couleur, typique d'une palette des années 1970, est également utilisée pour les encadrements des portes et fenêtres, ainsi que pour les balustrades métalliques et les revêtements muraux (bibliothèque). Les sols des étages sont recouverts de moquette et les zones d'entrée ainsi que les escaliers sont revêtus d'un sol en vinyle noir avec des picots Pirelli.

Les intérieurs ont été soigneusement pensés par les architectes et ce jusque dans les cabines des ascenseurs. Celles-ci sont revêtues de panneaux en céramique spécialement fabriqués, représentant des motifs abstraits réalisés par les artistes locaux Pierre Jacquier[12] (Chauderon 9) et Jean-Claude Hesselbarth[13] (Chauderon 7). |Fig. 37|

On ne peut suffisamment souligner l'importance qu'ont les chemins d'accès publics pour l'ensemble. Au cours d'une conversation[14], l'architecte et urbaniste Léopold Veuve, associé fondateur d'AAA et responsable de la conception de l'ensemble, exposa le cœur de son concept : venant du nord, les piéton·ne·s devraient pouvoir traverser en toute sécurité la place Chauderon dont le trafic est important. Au sortir d'un tunnel souter-

Fig. 34 | Chauderon 9, espace extérieur couvert / Chauderon 9, covered outdoor area

aggregate and a ribbed texture, predominate. |Fig. 34| Inside the buildings the colors green, blue or rust-red are used for handrails, doors and walls, whereas the dominant colors in the ensemble are orange and ochre. |Fig. 35/36| It is not only the windows that shimmer in an orange-brown shade. This color, which is typical of a palette widely used in the 1970s, is also used for the door and window frames and the metal parapets and wall claddings ("Bibliothèque"). The floors on the upper levels of the buildings have fitted carpet, while in the

rain sombre, ils émergeraient sur une place baignée de soleil et seraient récompensés par la vue sur les montagnes. Cette dernière idée n'a cependant jamais été mise en œuvre. La vue est obstruée à cet endroit par des piliers, des rampes et des bacs à plantes. La ville de Lausanne installa, à la sortie du passage piéton souterrain, une mosaïque murale colorée représentant le lac Léman et le paysage montagneux en arrière-plan, ce qui correspond au concept original.

Fig. 35　Chauderon 7, toilettes, photographie ancienne, sans date / Chauderon 7, toilets, old photograph, undated

Fig. 36   Chauderon 7, escalier, photographie ancienne, sans date /
Chauderon 7, staircase, old photograph, undated

Fig. 37 — Chauderon 7, cabine d'ascenseur, photographie ancienne, sans date / Chauderon 7, lift cabin, old photograph, undated

[13] Pierre Jacquier (*1945).

[14] Jean-Claude Hesselbarth (1915–2015).

[15] Unpublished interview made by Christina Haas with Léopold Veuve in Palézieux on 02.02.2023.

entrance area and in the staircases black Pirelli studded rubber flooring is used.

The great care that the architects took in designing the buildings is evident even in the interiors of the lift cabins. They are clad with specially made ceramic panels with abstract motifs which were designed by local artists Pierre Jacquier[13] (Chauderon 9) and Jean-Claude Hesselbarth[14] (Chauderon 7). |Fig. 37|

It is impossible to exaggerate the importance of the public route system for the ensemble. In a conversation[15] the architect and urban planner Léopold Veuve, a founding partner of AAA and responsible for the design of the ensemble, explained the nucleus of his design: from the north pedestrians were to be guided safely beneath the busy Place Chauderon. Leaving the dark, underground tunnel they were to emerge onto a square bathed in sunshine where they would be rewarded with a view of the mountains. However, the idea was never implemented in this way, the view is blocked at that point by columns, ramps and planting troughs. In 2014 the City of Lausanne mounted a colorful wall mosaic at the exit from the pedestrian underpass that shows Lake Geneva and the mountains behind it and thus depicts the original design concept.

Genèse

**Les plans suivants montrent
l'état du projet de novembre
1966 à mai 1976.**

Genèse

L'histoire de l'ensemble de Chauderon remonte aux années 1950, lorsque la ville de Lausanne décida de regrouper différentes divisions qui étaient auparavant dispersées dans la ville, dans un nouveau bâtiment. Différents sites furent envisagés, et le choix se porta sur une parcelle proche du centre-ville, au nord-est du Pont Chauderon, où se trouvaient à l'époque le bâtiment de l'École d'ingénieurs et la Rue des Entrepôts.

Avant de concevoir les bâtiments, la circulation du carrefour très fréquenté du Pont et de la Place Chauderon fut réorganisée pour répondre au concept d'une ville adaptée à la voiture. Pour accueillir le trafic automobile qui avait fortement augmenté après la Seconde Guerre mondiale, on avait planifié un tunnel orienté est-ouest[15] et un pont, non réalisé, orienté nord-sud[16]. Le premier fut inauguré le 30 avril 1964, à temps pour le début de l'Expo 64[17], comme d'autres infrastructures à Lausanne. Les urbanistes souhaitaient transformer toute la Place Chauderon selon les idéaux de la modernité d'après-guerre et remplacer les bâtiments existants. Ils planifièrent un réseau piéton séparé de la circulation, s'étendant à l'est jusqu'à l'Avenue d'Echallens, avec des terrasses publiques à l'est et à l'ouest du Pont Chauderon. |Fig. 52|

Sous le Pont Chauderon, dont le trafic était intense, ainsi que sous la Place Chauderon, la ville donna le feu vert pour la construction de passages piétonniers souterrains. Les architectes Pierre Foretay et Marx Lévy élaborèrent des concepts à cet effet en 1960, qu'ils concrétisèrent par des plans d'exécution en 1963[18].

Les tous premiers plans pour l'ensemble de Chauderon remontent à 1960[19]. Ils avaient été réalisés par le Service de l'urbanisme de la ville et montrent deux rangées de bâtiments, dont l'une est parallèle à la Place Chauderon et l'autre est tournée de 90 degrés par rapport au Pont Chauderon. |Fig. 53| Ces plans montrent que cette dernière aurait dû enjamber la Rue des Entrepôts encore existante à cette époque. Le 12 janvier 1961, Luc Lavanchy et Étienne Porret, architectes à la ville de Lausanne, proposèrent à la CPCL (Caisse de pensions du personnel communal de Lausanne) le bureau d'architecture AAA pour la suite de la planification et la réalisation de l'ensemble de Chauderon[20].

À ce moment-là, AAA était encore en cours de création et la ville ne fit pas confiance à ce jeune collectif pour accomplir, seul, la tâche complexe de cette construction. Les commanditaires suggérèrent l'assistance d'un architecte expérimenté, ce qui donna naissance

---

[15] Les premiers plans remontent à l'année 1955. Archives de la Ville de Lausanne (AVL), Dossier 192.

[16] L'ingénieur René Suter a planifié jusqu'en 1963 un viaduc qui se serait étendu de l'Avenue de Beaulieu au nord, en passant par la Place Chauderon, jusqu'au Pont Chauderon. AVL, Dossier 148.

[17] L'exposition nationale suisse eu lieu du 30.04.1964 au 25.10.1964 à Lausanne.

[18] AVL, Dossier 191.

[19] AVL, Microfilm 1632, Dossier 334.

[20] Procès-verbal d'une réunion de la Commission sur les investissements financiers de la CPCL du 12.01.1961. AVL, Carton 03722, Fiche 06730.

Genesis

The history of the Ensemble Chauderon begins in the late 1950s when the City of Lausanne made the decision to bring the various departments of the municipal administration, which had been scattered around the city, together in a new building. A number of different locations were considered, a site was finally chosen that was close to the city center, in the northeast of Pont Chauderon, on which at that time the building of the École d'ingénieurs and Rue des Entrepôts stood.

[16] The first plans date from 1955. Archives de la Ville de Lausanne (AVL), Dossier 192.

[17] Ingenieur René Suter planned up to 1963 a viaduct that was to span from Avenue de Beaulieu in the north over Place Chauderon as far as the Pont Chauderon. AVL, Dossier 148.

[18] The Swiss national exhibition was held in Lausanne from 30.04.1964 to 25.10.1964.

Before the concept for the buildings could be defined, the traffic at the busy junction of Pont and Place Chauderon was reorganized in accordance with the idea of the car-friendly city. To accommodate the increase in motorized traffic in the postwar years a tunnel running in an east-west direction was planned[16] and a bridge running north-south.[17] The bridge was never built, but the tunnel was opened on April 30, 1964, together with other infrastructure buildings in Lausanne, right on time for the start of Expo 64.[18] The urban planners wanted to redesign the entire Place Chauderon in accordance with the ideals of postwar modernism and to replace the existing buildings that bordered it. They planned a pedestrian network, separated from traffic, which was to extend in the east as far as Avenue d'Echallens and was to have public terraces to the east and west of the Pont Chauderon. |Fig. 52|

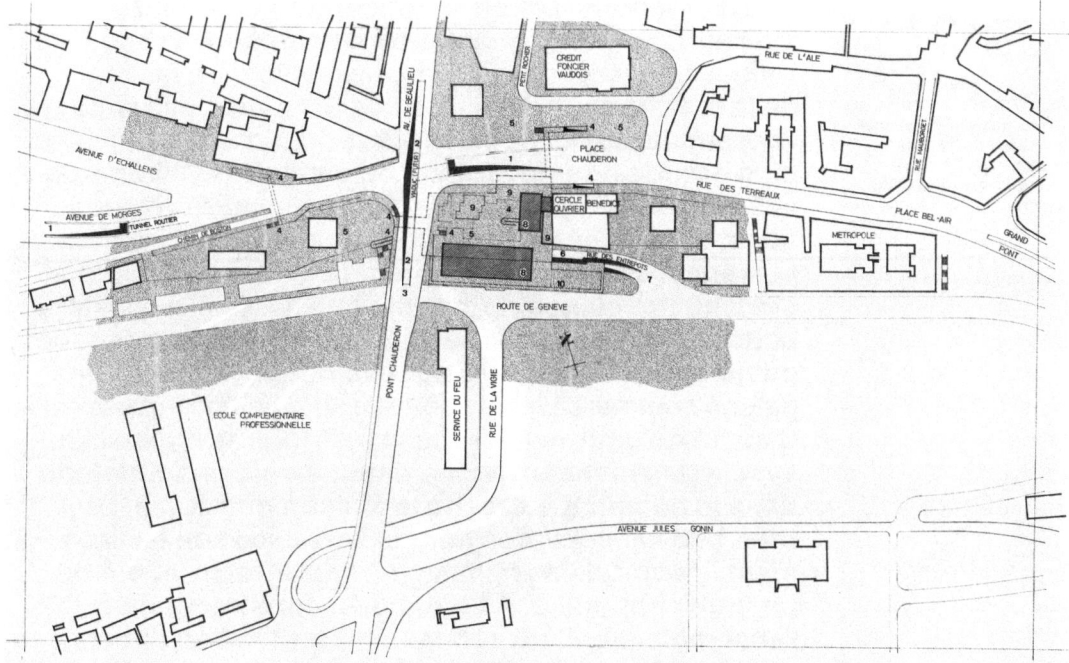

|Fig. 52| AAA, plan d'aménagement avec de nouvelles liaisons routières, sans date / AAA, development plan with new traffic connections undated

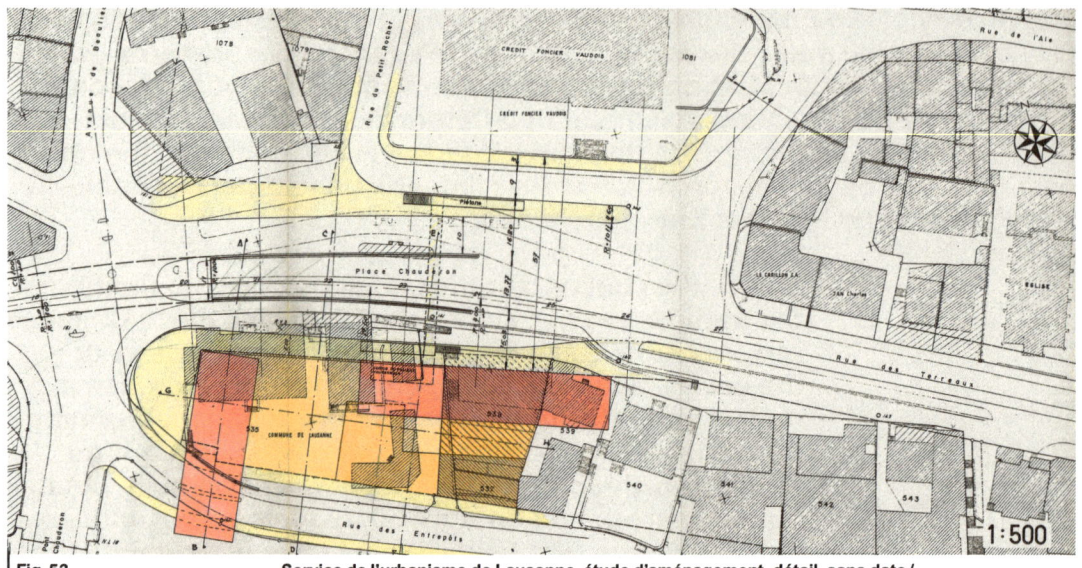

Fig. 53 — Service de l'urbanisme de Lausanne, étude d'aménagement, détail, sans date / Lausanne City Development Office, development study, detail, undated

21 Entretien inédit de Christina Haas avec Léopold Veuve à Palézieux le 02.02.2023. Ces dires ont été rapportés de manière similaire par René Vittone lors d'un entretien inédit avec Christina Haas à Pully le 06.09.2022.

22 AVL, Microfilm 1632, Dossier 331.

23 Vers 1961/62, on réalisa une affiche publicitaire représentant la vue sud de l'ensemble, proposant 4000 m² d'espace commercial à louer. AVL, Microfilm 1632, Dossier 335.

au partenariat entre Paul Dumartheray, établi à Lausanne, et les sept associés d'AAA. « Ils pensaient que, par prudence, il fallait nous mettre un ‹ chaperon › – comme on dit – qui était très gentil, Monsieur Dumartheray, très gentil. Il nous laissait faire, il assistait aux séances, mais il n'intervenait pas[21] », décrivit plus tard Léopold Veuve, responsable de la conception du projet en interne. Le premier projet préliminaire d'AAA et de Paul Dumartheray est daté du 31 janvier 1962[22]. Il fait état de la suppression de la Rue des Entrepôts en faveur de l'ensemble, ce qui permit de disposer d'une surface plus grande pour le projet. Les bâtiments Chauderon 7 et 9 étaient déjà positionnés dans ce plan ; ils comportaient six étages sur un rez-de-chaussée en retrait mais non encore ouvert. Le bâtiment du socle, qui comptait alors quatre étages, comprenait un parking avec une couche de bureaux située au sud. Il y avait un espace public au niveau de la rue et une rampe menant à une galerie commerciale au sous-sol au coin nord-ouest. | Fig. 54 | C'est là qu'on trouvait l'accès à différents magasins, avec, également, un accès direct au cinéma Eldorado dans le bâtiment voisin de la Maison du Peuple. Le projet devait créer des connexions avec son environnement, y compris des passages souterrains, et ouvrir de nouvelles voies. À l'origine, la construction de l'ensemble aurait dû commencer en 1962 et les espaces aurait dû être loués dès 1967[23]. Cependant, le 30 août 1962, la ville décida de reporter le début des travaux à

Genesis

The city initially commissioned the design of pedestrian underpasses under the busy Pont Chauderon and below Place Chaudron. The architects Pierre Foretay and Marx Lévy prepared the concepts required as early as 1960, and gave them more concrete form in detail plans dating from 1963.[19] The very first plans for the Ensemble Chauderon were made in 1960.[20] They were prepared by the city planning office and show two blocks, the eastern one parallel to Place Chauderon and the western one, swiveled 90 degrees, positioned parallel to Pont Chauderon. |Fig.53| At this stage of the planning the latter building was to span over Rue des Entrepôts, which was still in existence. On January 12, 1961, Luc Lavanchy and Étienne Porret, architects who worked for the City of Lausanne, recommended the client, Caisse de pensions du personnel communal de Lausanne (CPCL), to commission the architecture office AAA for the further planning and construction of the ensemble.[21] AAA was still being set up at this point and the city authorities did not believe that the young collective could handle this commission alone. The client therefore suggested that help be sought from an experienced architect, which led to the partnership between Paul Dumartheray, who was a well-established architect in Lausanne, and the seven partners of AAA. "*Ils pensaient que, par prudence, il fallait nous mettre un 'chaperon' – comme on dit – qui était très gentil, Monsieur Dumartheray, très gentil. Il nous laissait faire, il assistait aux séances, mais il n'intervenait pas.*"[22] This is how Léopold Veuve, who headed the design of the project in the AAA office, described the way in which the commission was divided up. The first preliminary project by AAA and Paul Dumartheray is dated January 31, 1962.[23] It shows the removal of Rue des Entrepôts to create a larger area for the project. In this plan the buildings Chauderon 7 and 9 already stood at what were to be their final positions. However, they had six upper stories above a ground floor (US first floor) that was recessed, but not open. The plinth, which at this stage of the planning had four stories, consisted of a carpark building with a layer of offices in front of it on the south side. Above, at street level there was a public recreation space and at the northwest corner a ramp led to a *galerie commerciale*[24] and to the basement. |Fig.54| There was access to various shops and even direct access to the Eldorado Cinema in the neighboring "Maison du Peuple". The project aimed to

---

[19] AVL, Dossier 191.

[20] AVL, Microfilm 1632, Dossier 334.

[21] Minutes of a commission meeting about the investments of the CPCL from 12.01.1961. AVL, Karton 03722, Fiche 06730.

[22] "They believed that, for safety's sake, we should be given a 'watchdog'—as one says—a Mr Dumartheray, who was a very nice man… He let us do what we wanted, he attended the meetings, but he did not interfere." Unpublished interview made by Christina Haas with Léopold Veuve in Palézieux on 02.02.2023. The essential correctness of this statement was confirmed by René Vittone in an unpublished interview that he gave Christina Haas in Pully on 06.09.2022.

[23] AVL, Microfilm 1632, Dossier 331.

[24] French for shopping arcade.

[24] Procès-verbal d'une réunion entre la ville et les architectes du 30.08.1962. AVL, Carton 03722, Fiche 06730.

[25] États des plans du 24.07.1963, 18.11.1963 et 15.02.1964. AVL, Microfilm 1632, Dossiers 328, 327 et 332.

[26] AAA [/Dumartheray, Paul] : Immeubles Chauderon, rapport relatif à l'avant-projet. 09.03.1964, p. 5. AVL, Carton 03722, Fiche 06730.

[27] AAA : 6111/Wi, Immeubles administratifs et commerciaux – Place Chauderon – Lausanne, bibliothèque municipale. 08.07.1975, p. 2–3. ACM, Dossier 0029.02.0004/01.

après 1964[24]. La main-d'œuvre disponible dans la région pour le secteur de la construction ainsi que les matériaux de construction étaient en effet entièrement mobilisés par les chantiers liés à l'Expo 64. Finalement, les travaux de construction ne commencèrent que près de sept ans plus tard, à l'automne 1969, avec un grand retard.

Après une pause d'environ un an dans la planification, les architectes éprouvèrent la position de la rampe piétonne, de la bibliothèque et du niveau de la terrasse, ainsi que la conception du volume du bâtiment à l'intersection des rues, comme le montrent trois projets préliminaires de juillet 1963 à février 1964[25]. En juillet 1963, un bâtiment d'un étage portant l'inscription « commerce » fut projeté pour la première fois à l'angle nord-ouest de la parcelle, relié à la Maison du Peuple par un long auvent. Cela amena les concepteurs à déplacer la rampe piétonne au centre de la place, d'où elle menait à une cour en contrebas avec trois arbres. Puis, en juillet 1963, la terrasse fut abaissée d'un mètre au niveau de la Place Chauderon, ce qui conduisit à un dénivelé d'un étage entier jusqu'en février 1964.

Alors que la façade du rez-de-chaussée, qui donnait sur la Rue de Genève, avait été initialement dessinée en continu de manière verticale, des retraits et des jardinières apparurent pour la première fois sur chaque deuxième étage dans le projet de novembre 1963. La hauteur finale du bâtiment fut également déterminée à ce stade : trois étages de socle sur lesquels les deux bâtiments les plus hauts avaient chacun cinq étages au-dessus d'un rez-de-chaussée ouvert. Dans le rapport du projet préliminaire du 9 mars 1964[26], les architectes écrivirent qu'ils auraient trouvé plus élégant d'avoir seulement quatre étages pour les bâtiments Chauderon 7 et 9, surtout vus depuis le nord. Cependant, l'emplacement des espaces requis et les coûts élevés de construction des étages inférieurs, devant être compensés par la location des autres espaces, rendirent nécessaire le cinquième étage. Les projets préliminaires révèlent également que la passerelle qui relie aujourd'hui l'ensemble de Chauderon au Quartier du Flon en passant par la Rue de Genève avait été planifiée dès 1963. | Fig. 55 |

Au début de la planification, la bibliothèque municipale était située au sous-sol dans le nord-ouest de la parcelle. En 1964, les architectes proposèrent de loger la bibliothèque sur plusieurs étages dans Chauderon 7[27]. Cependant, d'autres utilisations se virent octroyer une

Genesis

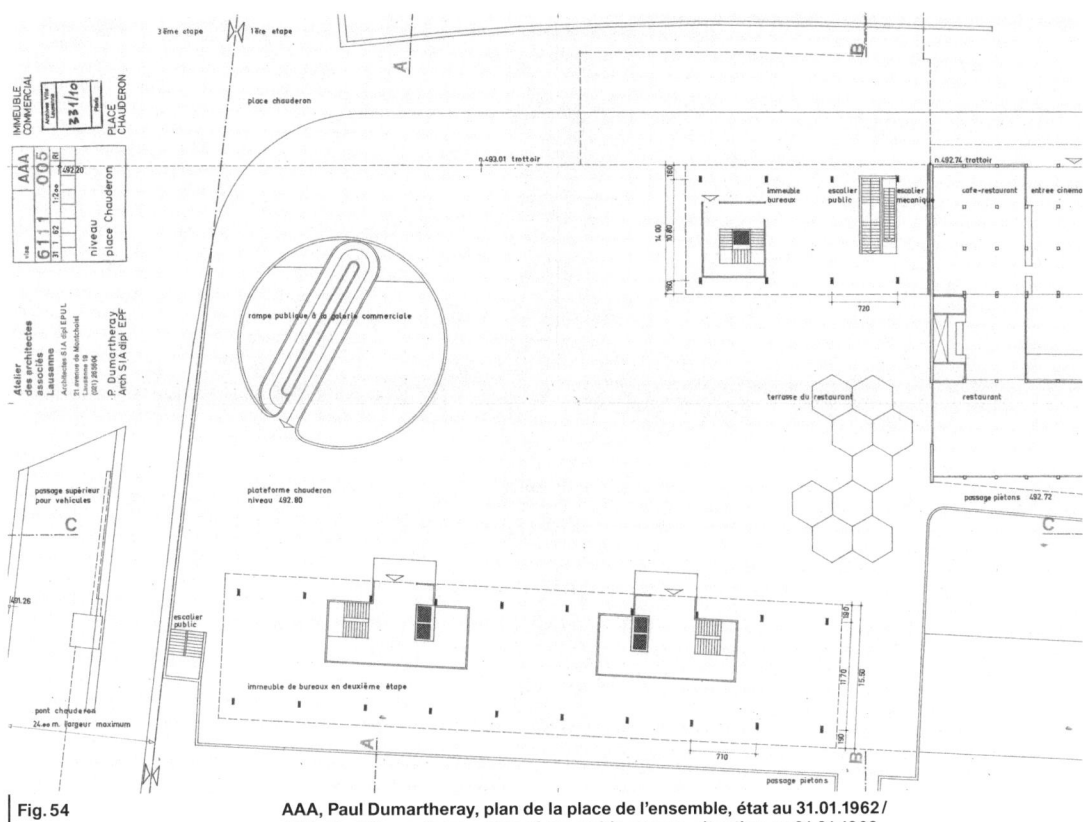

Fig. 54 AAA, Paul Dumartheray, plan de la place de l'ensemble, état au 31.01.1962 /
AAA, Paul Dumartheray, plan of ensemble square, situation on 31.01.1962

25 Around 1961/62 an advertising hoarding showing the south elevation of the ensemble was erected, on which 4000 m² of retail space were offered for rent. AVL, Microfilm 1632, Dossier 335.

26 Minutes of a meeting between the municipal authorities and the architects dated 30.08.1962. AVL, Karton 03722, Fiche 06730.

27 State of planning on 24.07.1963, 18.11.1963 and 15.02.1964. AVL, Microfilm 1632, Dossiers 328, 327 and 332.

connect—partly by means of underpasses—with its surroundings and to create new routes.

The planned start of construction of the ensemble was 1962, the aim being that spaces could be let from 1967 onwards.[25] On August 30, 1962, however, the municipal authorities decided to delay the start of building work until 1964.[26] The building workers and construction materials available in the region were required for various Expo 64 construction sites. Eventually, construction only began considerably later, in fall of 1969.

After stopping design work for around one year, the architects experimented with the positioning of the pedestrian ramps, the "Bibliothèque" and the level of the terrace and with the design of the building volume at the street junction, as is shown by three preliminary projects from July 1963 to February 1964.[27] In July 1963 a single-story building, marked *commerce* appears for the first time, positioned at the north-western corner of the site and connected with the "Maison du Peuple" by a long canopy roof. The planners shifted the pedestrian ramp into the middle of the square, from where it led

Genèse

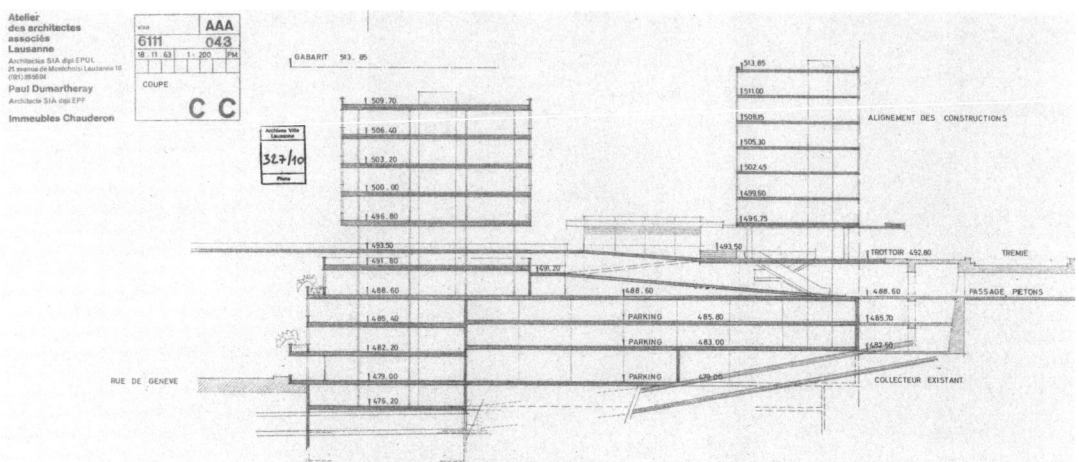

Fig. 55

AAA, Paul Dumartheray, Chauderon 9, coupe à travers le bâtiment de socle, le parking à plusieurs étages et Chauderon 7, état au 18.11.1963 / AAA, Paul Dumartheray, Chauderon 9, section through plinth building, multi-story carpark and Chauderon 7, situation 18.11.1963

28
AVL, Microfilm 1632, Dossier 332.

29
Direction des travaux : Plan d'extension concernant les terrains compris entre la place Chauderon, le pont Chauderon et la Rue de Genève, Préavis No 253. Dans : Bulletin du Conseil communal, 1965. 15.01.1965, p. 30–34.

30
Léopold Veuve fonda en 1966, en collaboration avec le géographe Jacques Barbier et le sociologue Pierre Conne, le bureau Urbaplan, d'abord en tant que département au sein de AAA. Urbaplan quitta AAA en 1971.

plus grande priorité, ce qui conduisit AAA à finalement installer la bibliothèque dans le volume du socle sur deux étages. Cette solution fut toutefois considérée comme peu idéale dès la phase de planification, car l'emplacement était moins accessible et la forme allongée des plans rendait la consultation et la supervision plus difficiles.

Le projet préliminaire[28] daté du 15 février 1964 de AAA et Paul Dumartheray correspond globalement aux bâtiments réalisés. La structure du dernier étage des bâtiments Chauderon 7 et 9 était suggérée dans les coupes, et aucun pilier n'était présent sur la façade dans les plans, ce qui indique que le concept structural porteur était déjà en place. Cette étape du projet fournit également les bases nécessaires pour le plan de quartier, que le conseil communal de la ville de Lausanne vota le 15 janvier 1965[29]. Le plan régissait les alignements des rues, les hauteurs des bâtiments, les surfaces constructibles et définissait des zones pour les espaces verts.

Au milieu des années 1960, AAA connu un changement organisationnel. Léopold Veuve, avec son bureau Urbaplan[30], se consacra dès lors à l'urbanisme ce qui conduisit Roland Willomet à prendre en charge la direction du projet de l'ensemble de Chauderon. Au cours du premier semestre de 1966, les architectes se penchèrent sur la répartition des espaces et l'aménagement des bureaux. Des schémas indiquent que les espaces de Chauderon 7 devaient être loués, tandis que des bureaux administratifs seraient aménagés dans

Genesis

28
AAA [/Dumartheray, Paul]: Immeubles Chauderon, Rapport relatif à l'avant projet. 09.03.1964, p. 5. AVL, Karton 03722, Fiche 06730.

29
AAA: 6111/Wi, Immeubles administratifs et commerciaux—Place Chauderon—Lausanne, Bibliothèque municipale. 08.07.1975, pp. 2–3. ACM, Dossier 0029.02.0004/01.

30
AVL, Microfilm 1632, Dossier 332.

31
Direction des travaux: Plan d'extension concernant les terrains compris entre la place Chauderon, le pont Chauderon et la rue de Genève, Préavis No 253. In: *Bulletin du Conseil communal, 1965.* 15.01.1965, pp. 30–34.

32
In 1966 Léopold Veuve, together with the geographer Jacques Barbier and the sociologist Pierre Conne, founded the office Urbaplan, initially as a department within AAA. In 1971 Urbaplan separated from the architecture office.

into a lower-level courtyard with three trees. In July 1963 the recreation space on the terrace was lowered one meter to the level of Place Chauderon, by February 1964 this change in level had increased to a complete story.

While initially the plinth building's façade to Rue de Genève was drawn in section as a single vertical plane, in the plans from November 1963 setbacks and planters appear for the first time. At this point the final building height was arrived at: a three-story plinth, on which the two taller buildings stood, each with five upper stories above an open ground floor (US first floor). In the report on the preliminary project dated March 9, 1964,[28] the architects wrote that they would have found four upper floors for the buildings Chauderon 7 and 9 more elegant, especially when seen from the north. However, providing the amount of floor space required and the high costs of building the plinth stories, which were to be balanced by renting out other areas, made a fifth story necessary. The preliminary projects also clearly show that the footbridge that today connects the Chauderon Ensemble across Rue de Genève with the Flon-Quarter was already part of the design in 1963. |Fig. 55|

At the start of planning the public library was located in the northwest of the site, at basement level. In 1964 the architects proposed accommodating the library on several levels in Chauderon 7.[29] But other functions had greater priority, which explains why AAA finally placed the library on two stories in the plinth building. But at the planning stage it was already clear that this solution was not ideal, as the location was more difficult to reach and the long shape of the floor plans made consultation and supervision inconvenient.

In its main features the preliminary project by AAA and Paul Dumartheray dated February 15, 1964[30] is very similar to the buildings eventually erected. The structure in the roof of the buildings Chauderon 7 and 9 was indicated in the sections and in the floor plans there were no longer columns on the façade, suggesting that the principal aspects of the structural concept had already been agreed upon. This stage of planning also supplied the basis for the district zoning plan on which Lausanne city council voted on January 15, 1965.[31] This plan regulated street lines, building heights, and the areas on which development was permitted, it also defined zones for green spaces.

In the mid-1960s organizational changes were made at AAA. With his office Urbaplan[32] Léopold Veuve

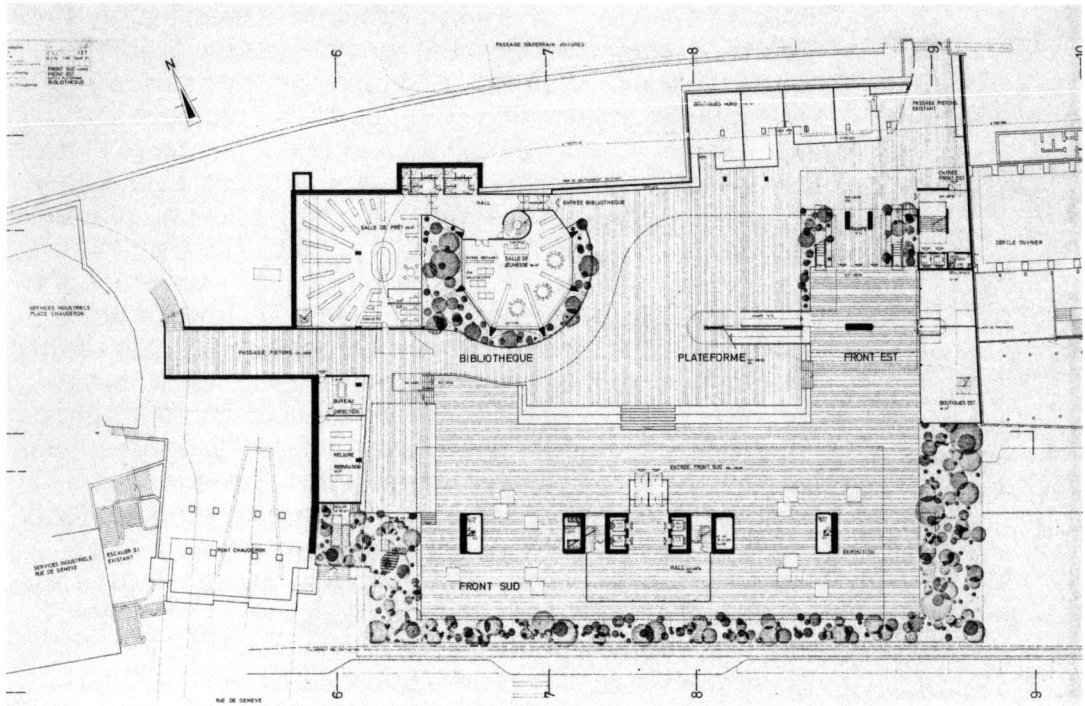

Fig. 56 — AAA, Paul Dumartheray, plan de la place de l'ensemble, état au 22.11.1966 /
AAA, Paul Dumartheray, ensemble square, situation 22.11.1966

31
État du plan du 20.01.1966.
AVL, Microfilm 1632,
Dossier 326.

32
AAA [/Dumartheray, Paul] :
IMMEUBLES ADMINISTRATIFS
ET COMMERCIAUX,
BIBLIOTHÈQUE, PARKING
PLACE CHAUDERON.
22.11.1966, p.s. ACM,
Dossier 0029.02.0004/01.

33
ACM, Rouleau de plans
0024.02.0004/05F

34
Plans pour demande de
permis de construire
« construction d'un restaurant
Mövenpick », permis de
construire du 22.05.1974.
AVL, Microfilm 045,
Dossier 420.8291/1.

Chauderon 9[31]. La forme finale et l'utilisation de l'actuelle bibliothèque furent également déterminées cette année-là. Une brochure des architectes du 22 novembre 1966[32] représente une structure en forme de tente sur deux niveaux dans laquelle la bibliothèque devait être aménagée. | Fig. 56 | Cependant d'autres plans conservés dans les archives des architectes montrent déjà à la même date[33] le bâtiment finalement réalisé. Les futurs locataires étaient déjà connus, car les architectes avaient intégré l'enseigne « Mövenpick » dans leurs représentations. L'aménagement intérieur du bâtiment fut conçu par le bureau interne de Mövenpick, le « Baubüro Hotelprojektierungs- und Management AG » (société de planification et de gestion hôtelière), qui influença en outre la conception des façades[34]. | Fig. 57 | Les quelques années qui séparent la planification des bâtiments Chauderon 7 et 9 de l'ancien restaurant se reflètent déjà dans l'expression architecturale. Alors que les deux immeubles de bureaux suivent les principes de la modernité d'après-guerre, le bâtiment du restaurant, avec ses fenêtres rondes, ses avancées et sa palette de couleurs, appartient déjà aux années 1970, colorées et ludiques.

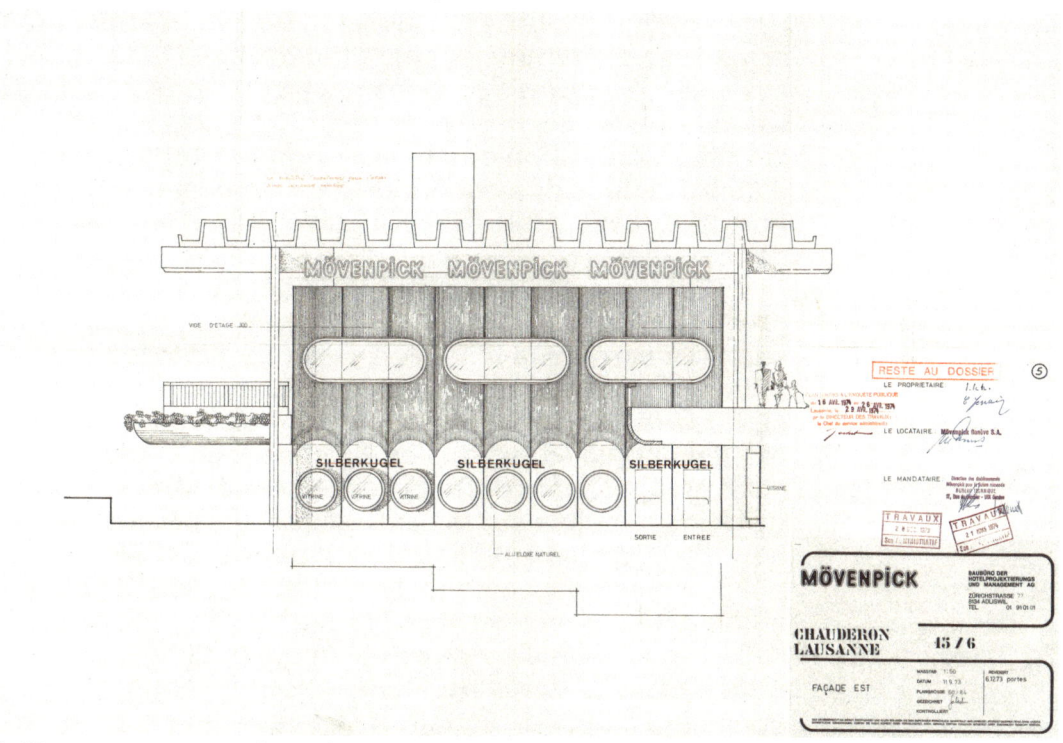

Fig. 57 | Bureau de construction Mövenpick, plan de demande de construction pour les restaurants (aujourd'hui la Bibliothèque), 11.12.1973 / Mövenpick construction office, planning application for the restaurants (today library), 11.12.1973

33
State of planning on 20.01.1966. AVL, Microfilm 1632, Dossier 326.

34
AAA [/Dumartheray, Paul]: IMMEUBLES ADMINI-STRATIFS ET COMMERCIAUX, BIBLIOTHEQUE, PARKING PLACE CHAUDERON. 22.11.1966, o.S. ACM, Dossier 0029.02.0004/01.

35
ACM, plan roll 0024.02.0004/05F.

36
Planning application drawings "construction d'un restaurant Mövenpick", building permit 22.05.1974. AVL, Microfilm 045, Dossier 420.8291/1.

concentrated on urban planning, consequently Roland Willomet took over the project management of the Chauderon Ensemble. In the first half of 1966 the architects focused on the distribution of the various functions and on the furnishing of the office spaces. Schematic drawings show that the floor areas in Chauderon 7 were to be rented out, while the offices in Chauderon 9 were to be fitted-out for the municipal administration.[33] In the same year AAA also arrived at the final form and function of what is today the "Bibliothèque". In a brochure by the architects from November 22, 1966,[34] a tent-like building is depicted in which the library was to be housed on two stories. | Fig. 56 | However other plans with the same date[35] from the architects' estate show the completed building. The future tenants were apparently already known, as in the elevation the architects used the Mövenpick sign. The interior fitting-out was planned by the Mövenpick's construction office, "Hotelprojektierung und Management AG", which also exerted an influence on the design of the façades.[36] | Fig. 57 |
The few years that lay between the planning of the buildings Chauderon 7 and 9 and the design of the former

Le 1er avril 1969, la CPCL, qui était déjà intervenue pour la maîtrise d'ouvrage, acheta officiellement le terrain à la ville[35]. Le permis de construire pour l'ensemble de Chauderon fut accordé le 18 mai 1969[36]. Les travaux commencèrent finalement le 13 octobre 1969[37], avec d'abord la pose des conduites d'eau et de gaz depuis la Rue de Genève, puis, dès 1970, on entreprit les travaux de fondation. |Fig. 58|

Parallèlement au début de la construction, on résolut les derniers détails de construction, en particulier ceux concernant la façade. À partir de 1968, les architectes se tournèrent vers l'idée d'une façade rideau, composée de panneaux sandwich préfabriqués industriellement. Elle était la conséquence logique de la structure porteuse prévue, celle-ci nécessitant le moins de poids possible sur les extrémités des poutres à treillis[38]. En avril 1968, les architectes réalisèrent plusieurs esquisses de façade-rideau[39]. |Fig. 48| Ils étaient mus par la volonté caractéristique de l'innovation de l'après-guerre, mais n'avaient encore aucune expérience dans ce domaine. René Vittone[40] avoua qu'il avait vraiment eu peur de construire la façade et qu'il n'aurait pas osé le faire seul. « Je suis surpris que cela tienne encore après 50 ans[41] ». Une expertise technique fut recherchée et trouvée auprès du constructeur français de renommée internationale Jean Prouvé. Ce dernier était déjà connu d'AAA car il avait collaboré avec Léopold Veuve sur des projets antérieurs[42]. C'est cependant probablement Jean-Pierre Dresco, un architecte proche d'AAA, qui initia le contact entre Roland Willomet et Jean Prouvé[43]. La première réunion concernant l'ensemble de Chauderon eut lieu à Paris, puis on élabora le concept de la façade lors de plusieurs rencontres qui prirent place au cours de l'année et demie suivante. À l'initiative de Jean Prouvé, AAA organisa un appel d'offres sous la forme d'un concours innovatif pour l'entreprise chargée de la réalisation de la façade. Les entreprises durent soumettre, en plus d'une offre, un « projet de principe » pour la façade. Sur 19 entreprises contactées, 7 participèrent au concours[44]. Les deux projets les plus prometteurs, des entreprises Félix (Lausanne) et Hirch (Biel), furent sélectionnés pour la construction de prototypes. En février et mars 1971, ces prototypes furent testés à l'Empa (Laboratoire fédéral d'essai des matériaux et de recherche) à Dübendorf, pour leur transmission acoustique aérienne et leur résistance au feu[45]. Comme les deux entreprises répondaient

---

[35] Accord entre la ville de Lausanne et la CPCL du 28.08.1969. AVL, Carton 03722, Fiche 06730.

[36] Plans pour demande du permis de construire « Immeuble administratif et commercial ». AVL, Microfilm 045, Dossier 420.8291.

[37] Lettre de AAA à la Direction des travaux du 09.10.1969. AVL, Carton 03722, Fiche 06730.

[38] AAA trouva son inspiration dans les réalisations de Jean Prouvé, p. ex. l'université de Rotterdam (1958/1959).

[39] Dans les archives des architectes, on trouve plusieurs projets préliminaires de la façade ; la version exécutée ne fut pas documentée telle quelle. ACM, Rouleau de plans 0029.02.0004/05l.

[40] Le bureau AAA était organisé de telle sorte qu'il y avait un chef de projet (Ensemble Chauderon : Roland Willomet) et un chef de projet adjoint (René Vittone) pour chaque projet.

[41] Entretien inédit de Christina Haas avec René Vittone et Jean-Pierre Dresco (*1936) à Pully le 06.09.2022.

[42] Au début des années 1950, Léopold Veuve travailla pour le bureau parisien Herbé et le Couteur, et collabora avec Jean Prouvé. Entretien inédit de Christina Haas avec Léopold Veuve à Palézieux le 02.02.2023.

[43] Entretien inédit de Christina Haas avec René Vittone et Jean-Pierre Dresco à Pully le 06.09.2022.

[44] AAA [/Dumartheray, Paul] : Rapport final. Février 1976, p. 45. ACM, Dossier 0029.02.0004/01.

[45] AAA [/Dumartheray, Paul] : Rapport final. Février 1976, p. 48–52. ACM, Dossier 0029.02.0004/01.

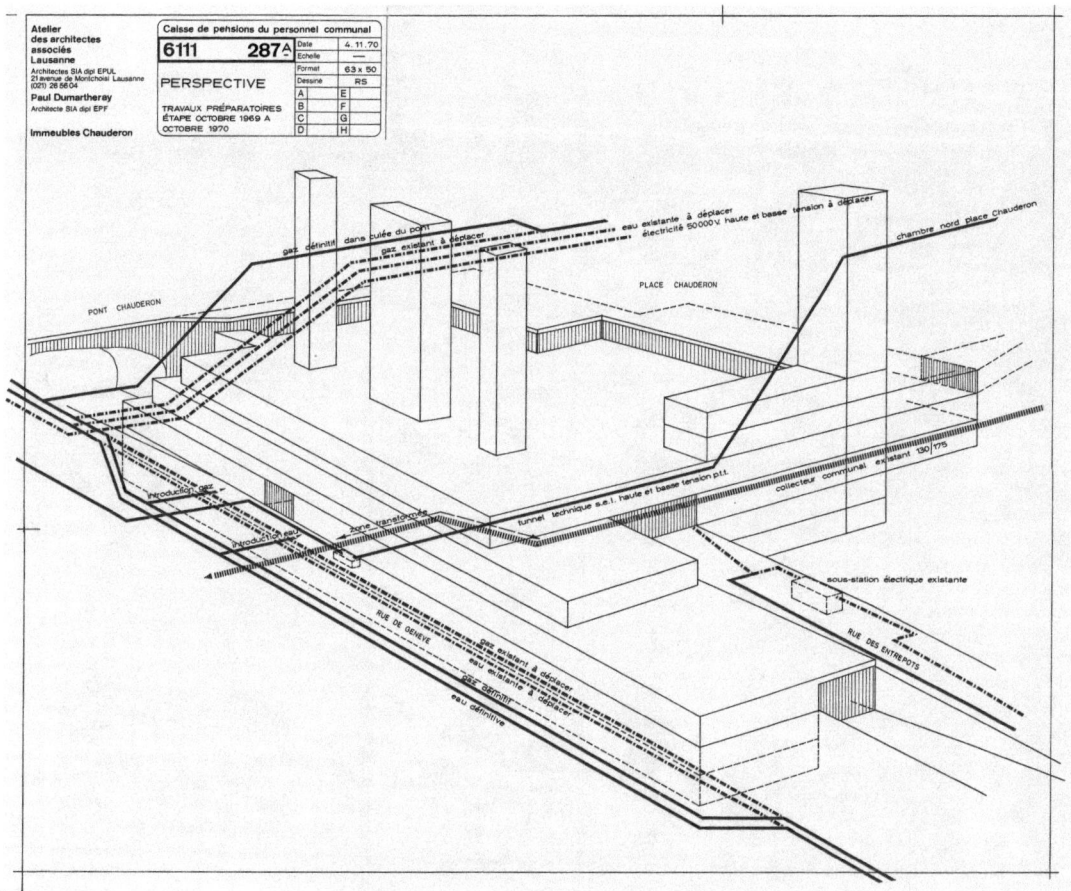

Fig. 58 AAA, Paul Dumartheray, perspective avec les infrastructures, 04.11.1970 / AAA, Paul Dumartheray, perspective with infrastructure services, 04.11.1970

37
Agreement between the City of Lausanne and the CPCL from 28.08.1969. AVL, Karton 03722, Fiche 06730.

38
Planning application drawings "Immeuble administratif et commercial". AVL, Microfilm 045, Dossier 420.8291.

39
Letter from AAA to the Direction des travaux from 09.10.1969. AVL, Karton 03722, Fiche 06730.

restaurant are reflected in the different kinds of architectural expression. While the two office buildings follow the principles of postwar modernism, with its round windows, projections and color scheme the restaurant building already anticipates the playful and colorful spirit of the 1970s.

On April 1, 1969, the CPCL, which had already acted as building client earlier, bought the site officially from the city[37] and the city granted the building permit for the Ensemble Chauderon on May 18, 1969.[38] Construction work finally began on October 13, 1969,[39] starting with the removal of the gas and water mains from Rue de Genève, and the foundations were laid from 1970 onwards. |Fig.58|

Parallel to the start of building, the last construction details, in particular of the façade, were worked out. From 1968 onwards the architects turned to the idea of a light curtain wall in the form of industrial prefabricated

Genèse

a Joint d'étanchéité / Joint sealing tape
  Habillage en tôle d'acier / Cladding steel sheet

b Plafond composite / Composite ceiling

c Profilé UNP / UNP profile, 200 × 75 mm

d Fer plat / Flat iron, 150 × 20 mm

e Elément de façade / Façade element, 3.40 × 1.80 m

f Fenêtre / Window, 2.00 × 1.30 m

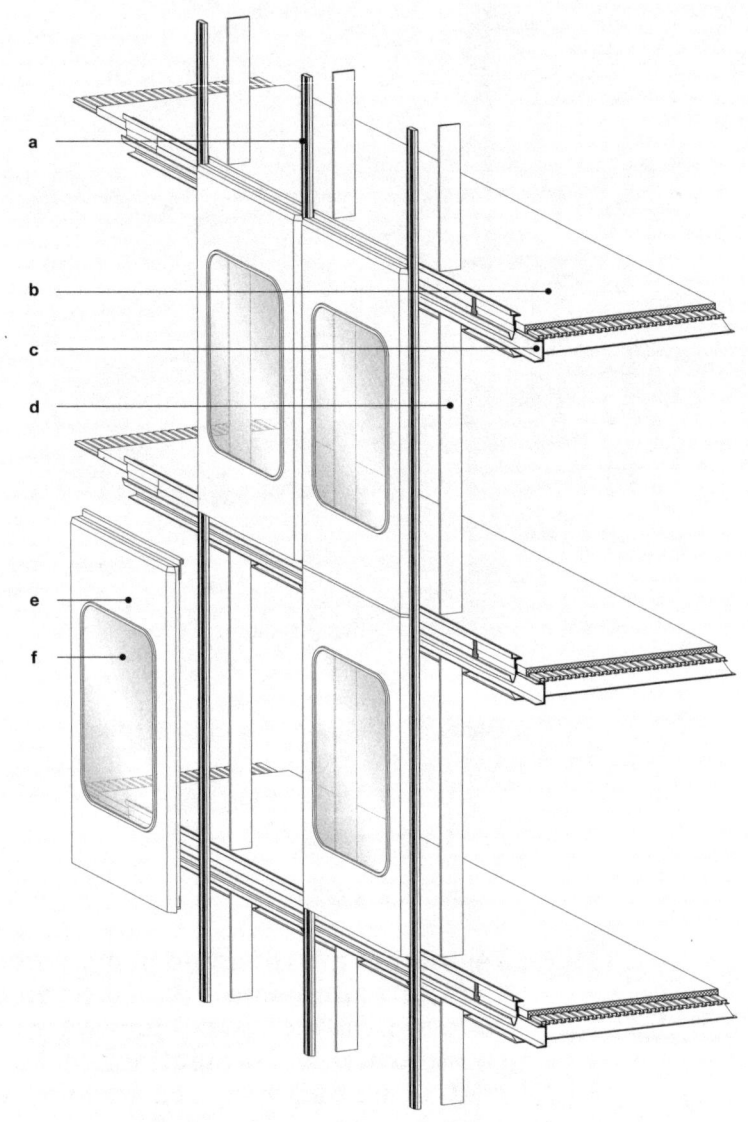

Fig. 59 — Maximilian Bächli et Manuel Scherrer, axonométrie de la façade réalisée, 2023 / Maximilian Bächli and Manuel Scherrer, axonometric of facade as built, 2023

aux critères, le choix final se fit en fonction du prix, des délais et de la faisabilité. L'entreprise d'André Félix, réputée dans la région pour sa volonté d'innovation et sa créativité, fabriqua finalement les éléments de façade. |Fig. 59| La façade est ainsi le fruit d'une collaboration fructueuse entre AAA, Jean Prouvé et André Félix, et semble toujours aussi neuve, cinquante ans plus tard.

Entre-temps, la construction de l'ensemble progressait. Le chantier fut organisé de manière à permettre

sandwich panels. This was the logical consequence of the planned loadbearing structure, which called for the minimum possible loads on the extremities of the projecting girders. AAA found inspiration in the buildings by Jean Prouvé, for example, the university in Rotterdam that dates from the end of the 1950s. In April 1968 the architects prepared several designs for the front-hung façade.[40] | Fig. 48 | While they had a desire to be innovative that is typical of the postwar period, they had no experience in this area. René Vittone, at the time deputy head for the project at AAA, explained that he was really afraid to build this façade and that alone he would not have dared to produce it. *"Je suis surpris que 50 ans plus tard, ça tienne toujours."*[41] A search was made for expert support, which was found in the person of the internationally known French constructor Jean Prouvé. He was not completely unknown to AAA as he had already worked with Léopold Veuve on earlier projects.[42] It may have been Jean-Pierre Dresco, an architect friend of AAA, who established the initial contact between Roland Willomet and Jean Prouvé.[43] The first meeting about the Ensemble Chauderon was held in Paris, over the next year and a half the concept for the façade was worked out at a series of meetings. On Jean Prouvé's initiative AAA organized the tender documentation in the form of an innovative competition to find a firm that could do this work. Alongside an offer the firms were also asked to submit a *projet de principe*[44] for the façade. Seven of the nineteen businesses contacted took part in the competition.[45] The two most promising designs came from the firms Félix (Lausanne) and Hirch (Biel), both of which were then asked to build prototypes. These were examined in February and March 1971 by the "Eidgenössische Materialprüfungs- und Forschungsanstalt (EMPA)" in Dübendorf with regard to airborne sound transmission and fire resistance.[46] Both firms met the criteria, in the end it was the price, time deadlines and ease of construction that were decisive. It was the business of André Félix, who was well-known in the region for his innovative spirit and creativity, which ultimately manufactured the façade elements. | Fig. 59 | The façade was thus the product of fruitful cooperation between AAA, Jean Prouvé and André Félix and around fifty years later it still looks like new.

In the meantime, the construction of the ensemble had advanced. The building site was organized in such a way that street traffic on the surrounding area was not

---

[40] In the architects' estate there are several earlier façade projects, the design actually built was not documented in this form. ACM, plan roll 0029.02.0004/05I.

[41] "I'm surprised that, 50 years later, it's still there." Unpublished interview made by Christina Haas with René Vittone and Jean-Pierre Dresco (*1936) in Pully on 06.09.2022.

[42] Léopold Veuve was employed in the Paris office of Herbé et le Couteur at the beginning of the 1950s and collaborated with Jean Prouvé. Unpublished interview made by Christina Haas with Léopold Veuve in Palézieux on 02.02.2023.

[43] Unpublished interview made by Christina Haas with René Vittone and Jean-Pierre Dresco in Pully on 06.09.2022.

[44] French for preliminary project.

[45] AAA [/Dumartheray, Paul]: Rapport final. February 1976, p. 45. ACM, Dossier 0029.02.0004/01.

[46] AAA [/Dumartheray, Paul]: Rapport final. February 1976, pp. 48–52. ACM, Dossier 0029.02.0004/01.

46
Architecture-Technique et Technologie. Fourapain films, William Edgar Schenk, 1974.

47
Plans pour demande de permis de construire « construction d'un restaurant Mövenpick ». AVL, Microfilm 045, Dossier 1974.

48
Service du personnel des entreprises Mövenpick : Mövenpickles, Mövenpick Informationen. Octobre 1974, No. 10, p. 25–26.

49
Lettre de la Municipalité de Lausanne au Conseil communal du 09.02.1983. AVL, Carton 05941.

50
Lettre de la Direction des Travaux au Service de Gérances du 18.04.1983. AVL, Carton 05941.

51
Lettre de Nicolas Petrovitch-Niegoch à la Direction des travaux du 11.11.1983. AVL, Karton 05941.

la circulation ininterrompue des véhicules sur les routes environnantes. La méthode de construction des bâtiments Chauderon 7 et 9 eut des conséquences positives sur le processus de construction : une fois les piliers et les escaliers construits et la structure porteuse mise en place, les ouvriers purent travailler simultanément au rez-de-chaussée et sur les étages, sans avoir besoin d'échafaudages. | Fig. 60 | En 1973, le gros œuvre était terminé[46]. Les éléments de façade étaient fabriqués en usine, transportés sur le chantier et montés en un temps record. | Fig. 61 | Chauderon 7 fut achevé en premier en 1972 et inauguré en 1973. De 1973 à 1974, la société Zurich Assurances occupa Chauderon 7 | Fig. 62 | et l'administration municipale investit Chauderon 9. Les locaux commerciaux s'y installèrent en 1974. La construction du bâtiment abritant aujourd'hui la bibliothèque fut la dernière à être achevée. Le permis de construire pour l'aménagement intérieur fut délivré le 22 mai 1974[47], et en septembre de la même année, on inaugura le restaurant fast-food Silberkugel au niveau de la place et le restaurant Mövenpick au niveau de la rue[48]. | Fig. 63/64 |

Le 9 février 1983, la ville informa que la bibliothèque déménagerait du bâtiment du socle vers les locaux des restaurants Mövenpick et Silberkugel, qui avaient déménagé l'année précédente[49]. En 1983 également, une extension fut conçue par l'architecte Nicolas Petrovitch-Niegoch, ancien associé chez AAA[50].

AAA avait été dissout en 1976, deux ans après l'achèvement de l'ensemble de Chauderon, en raison, entre autres, de la crise pétrolière et de la baisse subséquente des commandes. Le permis de construire pour l'extension de la bibliothèque fut délivré dès le 6 octobre 1983, les travaux commencèrent en novembre de la même année[51] et le déménagement de la bibliothèque eut lieu en 1984. | Fig. 65–67 | Les voies de circulation qui caractérisent l'ensemble de Chauderon furent continuellement développées. En 1995, on inaugura l'arrêt « Lausanne Chauderon » de la ligne de chemin de fer Lausanne-Echallens-Bercher (LEB).

Cette dernière passe à environ 25 mètres sous la Place Chauderon, et les piéton·ne·s accèdent à la gare par le passage souterrain nord. Puis on prolongea ce même passage vers le nord jusqu'au bâtiment « Ulysse », construit en face de l'ensemble dans les années 1990, dans lequel se situe aujourd'hui l'accès direct au club branché « No name ». La diversité des utilisations

Genesis

Fig. 60 — Chantier, photo ancienne, sans date / Construction site, old photograph, undated

Fig. 61 — Montage de la façade, photo ancienne, sans date / Façade assembly, old photograph, undated

Fig. 62 — Vue vers le sud-est, photographie ancienne, sans date / View looking south-east, old photograph, undated

52 E-mail du 17.01.2023 de Jean-Patrick Balimann, Responsable CRES région Ouest, Zurich Compagnie d'Assurances SA.

53 https://www.lausanne.ch/portrait/carte-identite/architecture-et-monuments/patrimoine- architectural/urbanisme-aujourdhui/quartier-du-flon.html (consulté le 05.04.2023).

54 L'urbanisme découle d'un concours de 1989 et fut mis en œuvre par étapes jusqu'aux années 2010.

55 L'incendie de la bibliothèque de Chauderon à Lausanne est criminel. Dans : RTS Info. 20.02.2013. https://www.rts.ch/info/regions/vaud/4590947-lincendie-de-la-bibliotheque-de-chauderon-a-lausanne-est-criminel.html (consulté le 23.03.2023).

diminuait au fil du temps ; après la fermeture des restaurants, Zurich Assurances résilia en 1996 son contrat de location[52], puis ce fut au tour des utilisations commerciales, dont la survie s'avéra impossible. La ville réagit en améliorant les voies d'accès. En 2007, l'idée originale d'une liaison vers le sud avec la passerelle au-dessus de la Rue de Genève fut enfin réalisée. |Fig. 68| Comparée aux premiers plans d'AAA, elle se situe plus à l'est et fut érigée lors de la construction des bâtiments administratifs « Flon-Ville » par le cabinet d'architecture Mestelan & Gachet[53]. Elle relie la place de l'ensemble à un escalier public extérieur avec un ascenseur situé sur la Rue de Genève. Le bâtiment marque la fin ouest d'un processus d'urbanisation de la vallée du Flon[54], autrefois caractérisée par des activités industrielles. Cette transformation a permis de faire de cette zone autrefois considérée comme dangereuse un quartier animé de la ville.

Le 21 janvier 2013, un cambriolage eu lieu dans les bureaux de la bibliothèque[55]. Les auteur·e·s avaient tenté de voler de l'argent dans un coffre-fort et, lorsque

47
Architecture-Technique et Technologie. Fourapain films, William Edgar Schenk, 1974.

48
Building permit plans "construction d'un restaurant Mövenpick". AVL, Microfilm 045, Dossier 1974.

49
Human resources department of the Mövenpick company: *Mövenpickles, Mövenpick Informationen.* October 1974, no. 10, pp. 5–26.

50
Letter from the Municipalité de Lausanne to the city council from 09.02.1983. AVL, Karton 05941.

51
Letter from the Direction des Travaux to the Service de Gérances from 18.04.1983. AVL, Karton 05941.

52
Letter from Nicolas Petrovitch-Niegoch to the Direction des travaux dated 11.11.1983. AVL, Karton 05941.

hindered. The structural design of Chauderon 7 and 9 had a positive impact on the building process. After the columns and staircases had been erected and the structure had been placed in position the construction workers could work on both the plinth level and on the upper floors at the same time, without the need to erect a scaffold. | Fig. 60 | The shell was completed by 1973.[47] The façade elements were produced in the works and then transported to the building site, where they could be rapidly mounted. | Fig. 61 | The first of the buildings to be erected, Chauderon 7, was completed in 1972 and was officially opened in 1973. Between 1973 and 1974 the firm Zurich Insurance Company moved into Chauderon 7 | Fig. 62 | and the municipal administration into Chauderon 9, the shops were occupied from 1974 onwards. The completion of the restaurant building, which today houses the library, was the final phase. The permit for the fitting-out of the interior was granted on May 22, 1974,[48] and in September of the same year the fast-food restaurant Silberkugel opened on the level of the square, and the restaurant Mövenpick at street level.[49] | Figs. 63/64 |

On February 9, 1983, the city announced that the library was to move out of the plinth building into the rooms that the restaurants Mövenpick and Silberkugel had vacated a year earlier.[50] In 1983 an extension to the library was commissioned, which was planned and implemented by the architect Nicolas Petrovitch-Niegoch, formerly a partner with AAA.[51] AAA had split up in 1976, two years after the completion of the Ensemble Chauderon, partly as a consequence of the oil price crisis and the subsequent lack of commissions. On October 6, 1983, the building permit for an extension to the library was granted, work started in November of the following year[52], and the library moved into its new home in 1984. | Figs. 65–67 |

The concentration of routes, which is a central aspect of the Ensemble Chauderon, was continually developed further. In 1995 the stop "Lausanne Chauderon" on the LEB railway (Lausanne-Echallens-Bercher) was opened. The train line runs about 25 meters below Place Chauderon, pedestrians reach the stop via the northern underpass. In addition, to the north of Place Chauderon this underpass was extended as far as the "Ulysse" building, which had been erected in the 1990s opposite the Ensemble Chauderon, where today there is a direct access to the popular club "No Name". As the range of different functions diminished over the course of time,

Fig. 63/64 Restaurant Silberkugel, photographies anciennes, sans date / Silberkugel restaurant, old photographs, undated

Fig. 65/66 — Bibliothèque, ajout ultérieur d'une salle de lecture / Reading room added later to the library

53 Email dated 17.01.2023 from Jean-Patrick Balimann, Responsable CRES région Ouest, Zurich Compagnie d'Assurances SA.

54 https://www.lausanne.ch/portrait/carte-identite/architecture-et-monuments/patrimoine-architectural/urbanisme-aujoudhui/quartier-du-flon.html (retrieved on 05.04.2023).

55 "L'incendie de la bibliothèque de Chauderon à Lausanne est criminel". In: RTS Info. 20.02.2013. https://www.rts.ch/info/regions/vaud/4590947-lincendie-de-la-bibliotheque-de-chauderon-a-lausanne-est-criminel.html (retrieved on 23.03.2023).

following the closure of the restaurants, in 1996 Zurich Insurance Company terminated its rental contract[53] and the commercial functions, too, failed to survive. The municipal authorities responded by developing the routes even further. In 2007 the original idea of a connection to the south via a footbridge above Rue de Genève was implemented. |Fig. 68| It is further to the east than in the earlier plans by AAA and was made in the course of erecting the administration buildings "Flon-Ville" designed by the architecture office Mestelan & Gachet.[54] It connects the square of the ensemble with an outdoor public staircase with lift on Rue de Genève. The building is the western termination of the urbanization process of the Flon valley, which used to be dominated by businesses. The urban design dates back to a competition in 1989 and was implemented in stages until the 2010s. As a result an area previously regarded as somewhat dangerous became a lively part of the city.

On January 21, 2013, the offices of the library were broken into.[55] The thieves attempted to take money out

Fig. 67 — Bibliothèque / Library

cela échoua, ils incendièrent le bâtiment. La fumée et l'eau d'extinction endommagèrent les bureaux, qui durent être entièrement rénovés par la suite. La bibliothèque actuelle et la salle de lecture furent largement épargnées. La rénovation de la bibliothèque constitue à ce jour la dernière intervention majeure dans l'ensemble de Chauderon.

Fig. 68 Bâtiment de socle, façade sud avec passerelle piétonne /
Plinth building, south façade with pedestrian bridge

of a safe and when they failed to do this, they set fire to the building. Soot and the water used to extinguish the blaze ruined the offices, which had to be completely renovated. The library itself and the reading room were for the most part undamaged. The renovation of the "Bibliothèque" is, to date, the last major intervention in the Ensemble Chauderon.

Après la Seconde Guerre mondiale, l'augmentation rapide de la population et la professionnalisation de l'administration entraînèrent des besoins modifiés en matière d'espaces de bureau, à Lausanne également. Non seulement le besoin en surfaces de bureaux était considérable, mais celles-ci devaient répondre tant aux exigences modernes qu'aux nouveaux modes de travail. Grâce à leur structure en plan libre, les bureaux de l'ensemble de Chauderon épousaient les idéaux du bureau paysager. Cependant, la division en bureaux individuels, pour un petit groupe de personnes ou en salles de réunion avait été prévue dès le début du processus de planification. | Fig. 69 |

Des cloisons peuvent être installées à l'intérieur de la trame[56] tous les 1,80 m le long de la façade, leur installation étant facilitée par des rails intégrés aux plafonds. | Fig. 49 | Les bureaux paysagers constituaient une tendance émergente dans la région lémanique dès la fin des années 1960, raison pour laquelle et sur les recommandations d'AAA, la ville fit appel à Interorg, une société de conseil internationale spécialisée dans la conception de ce type de bureaux[57]. | Fig. 50/51 | Cette entreprise possédait déjà une expertise en matière de bureaux paysagers et proposa un programme d'agencement et d'ameublement. La psychologie du travail fut tout autant prise en compte dans l'aménagement des espaces que l'optimisation des processus de travail. On divisa les bureaux paysagers en espaces dits fonctionnels au moyen de cloisons mobiles semi-hautes. Elles étaient revêtues de tissu orange pour améliorer l'acoustique. | Fig. 70 | L'éclairage, la ventilation et l'insonorisation devaient créer une atmosphère de travail agréable. Pour plus de confort dans certains bureaux et pour créer une ambiance chaleureuse, on posa une moquette orange. | Fig. 71 | La palette de couleurs comprenait des tons chauds, des meubles en bois, des plafonds et des murs extérieurs clairs dans le but d'influer positivement sur l'humeur des employé·e·s. | Fig. 72–74 | De même, un concept de plantation intérieur fut élaboré et celui-ci détailla l'entretien des plantes avec la phrase suivante : « *Pour des raisons psychologiques, l'arrosage des plantes devrait être effectué par les collaborateurs...*[58] ».

L'agencement des postes de travail fut optimisé en fonction des trajets quotidiens à parcourir. Ainsi, les employé·e·s en contact avec les client·e·s avaient leur poste de travail à proximité des ascenseurs et des escaliers.

L'intérieur est isolé du bruit de la rue grâce à la composition urbanistique, aux retraits des façades au niveau

[56] Les éléments de façade et de plafond sont également alignés sur une trame de 1,80 × 0,90 m.

[57] Interorg fut chargé de plusieurs études de 1968 à 1972, entre autres sur les bureaux paysagers, la rationalisation du déménagement de l'administration, l'évaluation de la rentabilité du projet et l'animation de la plateforme. ACM, Dossiers 0029.02.0004/02a, 0029.02.0004/02b.

[58] Rapport sur l'aménagement intérieur du 09.09.1971 d'Interorg, p. 3. ACM, Dossier 0029.02.0004/02b.

Workplace

Rapid population growth after the Second World War and the professionalization of administrations led to new demands on office spaces in many places, also in Lausanne. Not only was the need for office spaces extremely high, but these spaces also had to meet modern demands and to allow different ways of working. The offices in the Chauderon Ensemble reflected the ideals of the open plan office (*plan libre*). However, the division of the open plan office into single offices, offices for several people or meeting rooms had been considered at the start of the planning process. |Fig. 69|

56
The façades and ceiling elements are also laid out on the grid of 1.80 × 0.90 m.

Within the grid[56] partitions walls could be erected, where required, every 1.80 meters along the façade, tracks integrated in the ceilings facilitated the positioning of these walls. |Fig. 49| In western Switzerland in the late

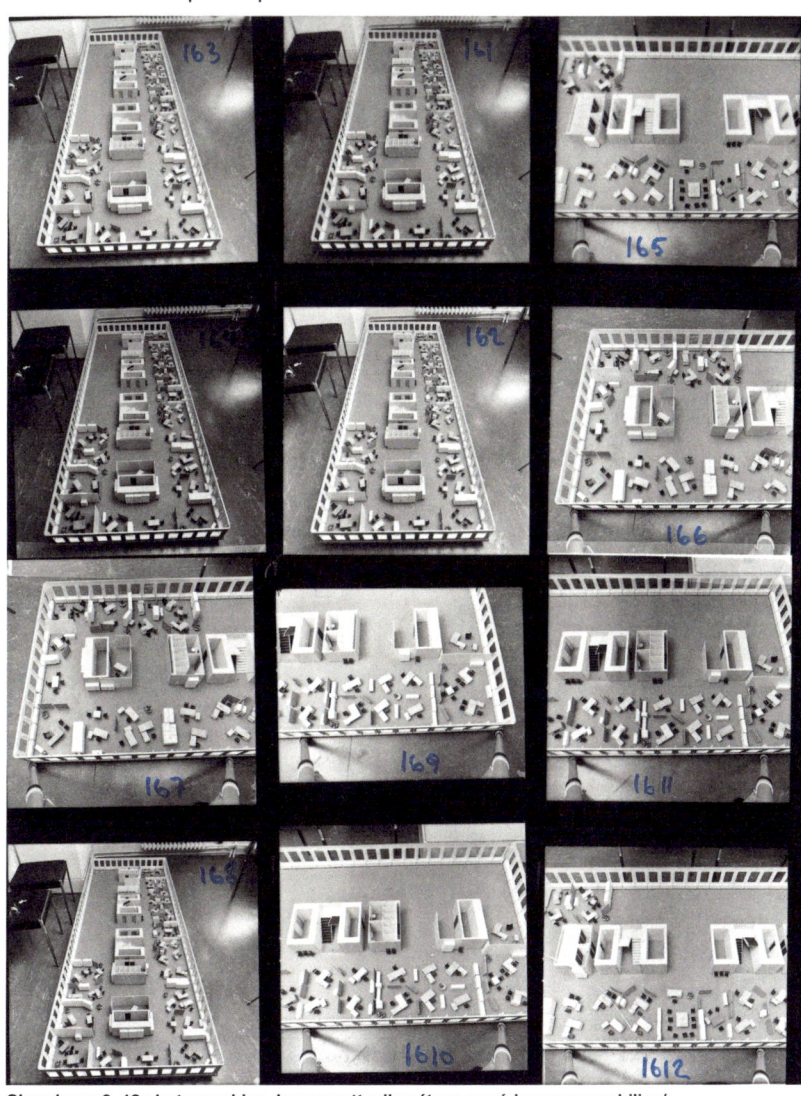

|Fig. 69| Chauderon 9, 12 photographies de maquette d'un étage supérieur avec mobilier /
Chauderon 9, 12 model photographs of an upper floor with furniture

Place de travail

Fig. 70 — Chauderon 7, bureau en espace ouvert de Zurich Assurances, photographie ancienne, sans date / Chauderon 7, open-plan office of Zurich Assurances, old photograph, undated

Fig. 71 — Bureau individuel, photographie ancienne, sans date / Single office, old photograph, undated

1960s open plan offices were a new trend, which explains why, on the advice of AAA, the city secured the services of the international consultancy Interorg for the office concept.[57] | Figs. 50/51 | This company had considerable expertise in laying out open plan offices and made suggestions about the schedule of accommodation and the furnishings. In the design of spaces the insights of work psychology played as important a role as the optimization of the work processes. The open space offices were divided up into what were called "function spaces" by mobile room dividers that did not extend up to the ceiling and were covered in an orange-colored fabric. | Fig. 70 | The lighting, ventilation and noise protection aimed at creating a pleasant work atmosphere. To make more homely workplaces an orange-colored fitted carpet was laid. | Fig. 71 | The warm shades of the color scheme, the wood furniture, as well as the light-colored ceilings and walls were intended to have a positive effect on the mood of the employees. | Figs. 72–74 | The concept devised for the plants in the interior contains the following sentence about plant care: "*Pour des raisons psychologiques, l'arrosage des plantes devrait être effectué par les collaborateurs…*"[58] In laying out the workspaces the routes used daily were optimized. The workspaces of those staff members who had frequent contact with clients were located near the lifts and the staircases.

The interior is screened from street noise by the urban layout, the way the façade steps back at plinth level and by the prefabricated, sound-insulated façade elements. Discussions with current members of staff reveal that they generally find the atmosphere and room climate most agreeable. Their criticism is directed at the fact that the windows cannot be opened and at the lack, in places, of barrier-free access.[59]

The concept of the open plan office has not proved successful. At the end of the 1970s a start was made with dividing up the space into single person or multiple person units. On February 2, 1978, the Director of Schools, Maurice Melan, noted that the various heads in his department had been given separate offices to improve their working conditions.[60] He called for the creation of more single-person offices for staff who required a certain degree of privacy for conversations with clients.[61] Gradually, the spaces were adapted to meet the needs of the departments and today all the floors are divided up into offices of various sizes.

---

[57] Between 1968 and 1972 Interorg was commissioned to prepare several studies. These included a study on the open plan office, on rationalizing the administration's office move, on the financial viability of the project, and on bringing life to the platform. ACM, Dossiers 0029.02.0004/02a, 0029.02.0004/02b.

[58] "For psychological reasons the watering of the plants should be done by the staff members". Report on plants in the interior dated 09.09.1971 from Interorg, 3. ACM, Dossier 0029.02.0004/02b.

[59] Unpublished interviews made by Christina Haas with various staff members of Lausanne municipal administration in February 2023.

[60] Letter to the Direction des Travaux from 02.02.1978. AVL, Karton 05941.

[61] Ibid. In a letter from 07.02.1978 the finance department also called for single-person offices. AVL, Karton 05941.

du socle et aux éléments de façade préfabriqués et insonorisés. Lors de conversations avec les employé·e·s actuels nous avons appris que ceux-ci considèrent généralement l'atmosphère de travail et le climat intérieur comme agréables. Les critiques portent sur l'absence de fenêtres ouvrantes ou sur le manque d'accessibilité pour les personnes à mobilité réduite[59].

Le concept des bureaux paysagers n'a pas perduré. Dès la fin des années 1970, on s'efforça de diviser les espaces en bureaux conventionnels pour une ou pour plusieurs personnes. Le 2 février 1978, Maurice Melan, Directeur des écoles[60], relata que les chefs de section de son département avaient obtenu un bureau séparé pour améliorer leurs conditions de travail[61]. Il requit la création de bureaux individuels supplémentaires pour les employé·e·s nécessitant une certaine intimité lors d'entretiens avec les client·e·s[62]. Au fil du temps, les espaces furent adaptés aux besoins des départements et, de nos jours, tous les étages sont divisés en bureaux de différentes tailles. La flexibilité avec laquelle les plans avaient été conçus rend ces transformations possibles, mais l'impression d'espace généreux autrefois recherchée fait désormais défaut. | Fig. 75/76 |

Lors de l'inauguration de l'ensemble, les bureaux de l'administration municipale et de Zurich Assurances, deux restaurants, la bibliothèque municipale et le magasin de meubles Wohnshop, ainsi que d'autres boutiques étaient tous regroupés autour de la terrasse publique. Zurich Assurances déménagea de Chauderon 7 en 1996[63], et les boutiques disparurent, de sorte que l'ensemble est maintenant exclusivement utilisé par l'administration et la bibliothèque municipales[64].

Déjà lors du processus de planification, les architectes avaient souligné l'importance des espaces commerciaux pour l'image de la place[65]. | Fig. 77 | Aujourd'hui, c'est la bibliothèque, toujours très fréquentée, qui remplit la fonction d'attraction générale. Les équipements sportifs situés au rez-de-chaussée ouvert de Chauderon 9 sont eux utilisés avec assiduité et les diverses assises très appréciées. En outre, les passant·e·s traversent l'ensemble à pied. Les voies d'accès offrent suffisamment d'incitations avec divers passages souterrains, la gare LEB (chemin de fer Lausanne-Echallens-Bercher), les escaliers (mécaniques), rampes et ascenseurs publics, la passerelle ou le parking. La complexité des parcours peut parfois causer une certaine confusion dans l'ensemble, notamment depuis que « l'hôtesse »

---

[59] Entretiens inédits de Christina Haas avec des employé·e·s de l'administration municipale de Lausanne en février 2023.

[60] Chef de service du département Service des écoles (Département scolaire) installé dans l'ensemble de Chauderon.

[61] Lettre à la Direction des Travaux du 02.02.1978. AVL, Carton 05941.

[62] Ibid. Le département des finances a également demandé des bureaux individuels dans une lettre du 07.02.1978. AVL, Carton 05941.

[63] E-mail du 17.01.2023 de Jean-Patrick Balimann, Responsable CRES région Ouest, Zurich Compagnie d'Assurances SA.

[64] Après achèvement, moins de 40 % des espaces étaient utilisés par la ville. Lettre de l'Administration générale à la Municipalité du 23.05.1966, p. 3. AVL, Carton 03722, Fiche 06730.

[65] AAA [/Dumartheray, Paul] : Rapport final. Février 1976, p. 33. ACM, Dossier 0029.02.0004/01.

Workplace

Fig. 72 — Salle de réunion, photographie ancienne, sans date / Meeting room, old photograph, undated

Fig. 73 — Bâtiment de socle, espace de lecture de l'ancienne bibliothèque, photographie ancienne, sans date / Plinth building, reading area of the former library, old photograph, undated

Fig. 74 — Bâtiment de socle, zone de prêt de l'ancienne bibliothèque, photographie ancienne, sans date / Plinth building, former library lending area, old photograph, undated

66 Entretien inédit de Christina Haas avec un employé du Service de Gérance à Lausanne le 08.02.2023.

67 Ibid.

ne régit plus la réception centrale de Chauderon 9. Un employé du Service de Gérance nous raconta lors d'une conversation qu'il recevait régulièrement des appels de fournisseurs qui lui disaient être « arrivés à Chauderon », mais ne précisaient pas où exactement, puis raccrochaient aussitôt, ce qui impliquait toujours d'autres appels téléphoniques[66]. L'ensemble de Chauderon compte six entrées publiques, voire plus si l'on y ajoute les entrées du parking souterrain.

Lorsqu'on interroge les employé·e·s sur leurs endroits préférés, iels citent principalement les espaces partagés : la terrasse publique en extérieur, la cafétéria du personnel administratif et la bibliothèque. Un employé du service d'entretien vante les sous-sols du bâtiment du socle : « Je me suis attaché à ces sous-sols, parce qu'elle est là notre vie de travail, enfin je viens de là[67] ». En effet, dans le bâtiment du socle, en plus du parking souterrain, des locaux techniques et des espaces de stockage, il y a une vie souterraine variée : au 4e sous-sol se trouvent le centre de calcul de la ville de Lausanne, les ateliers du service d'entretien et les places de remplacement pour les pompiers locaux. Le « Bibliobus »

The flexibility of the original floor plan concept made these adaptations possible, but the impression of spatial generosity originally aimed for has disappeared. | Figs. 75/76 |

When it first opened the ensemble contained offices for the municipal administration and for Zurich Insurance Company, two restaurants, the public library, and the furniture store Wohnshop as well as further shops around the public terrace. Zurich Insurance Company moved out of Chauderon 7 in 1996,[62] the "boutiques" did not survive, and today the ensemble is used solely to accommodate the municipal administration and the public library.[63]

At the planning stage the architects underlined the importance of retail space for the "image" of the public square.[64] | Fig. 77 | Today the much-frequented library fulfils the function of a general attractor. The fitness equipment on the open ground floor (US first floor) of Chauderon 9 is much used, and the wide range of places to sit is greatly appreciated. In addition, passers-by cross through the ensemble on foot. In the form of the underpasses, LEB station, stairs, escalators, ramps, footbridge, public lifts and car park building the complex offers plenty of incentives to walk through it. As in Chauderon 9 a *hôtesse* no longer controls the central reception area, the complex system of routes in the ensemble can, at times, prove confusing. In conversation a staff member of the Service de Gérance told how people making deliveries regularly call him up to tell him they have arrived in "Chauderon" but forget to say where exactly they are and then hang up. Further telephone calls inevitably follow.[65] The Ensemble Chauderon has six public entrances—or even more, if one includes the entrances to the underground garage.

Asked about their favorite places staff usually mention the communally used areas: the outdoor public terrace, the administration staff cafeteria and the library. When asked the same question a staff member of the janitor service enthused about the basement levels in the plinth building: "*Je me suis attaché à ces sous-sols, parce qu'elle est là notre vie de travail, enfin je viens de là.*"[66] In the plinth building, alongside the underground garage, the service and storage spaces there is, in fact, a diverse underground life. The fourth basement level contains the data center of the City of Lausanne, the workshops for the building janitor service, and substitute parking spaces for the local fire brigade. The "Bibliobus" leaves the plinth building every

[62] Email dated 17.01.2023 from Jean-Patrick Balimann, Responsable CRES région Ouest, Zurich Compagnie d'Assurances SA.

[63] After completion less than 40% of the floor area was used by the city. Letter from the Administration générale to the Municipalité dated 23.05.1966, 3. AVL, Karton 03722, Fiche 06730.

[64] AAA [/Dumartheray, Paul]: Rapport final. February 1976, p. 33. ACM, Dossier 0029.02.0004/01.

[65] Unpublished interview made by Christina Haas with a member of the Service de Gérance (janitor service) in Lausanne on 08.02.2023.

[66] "I'm attracted to these basements, because that is our world of work, after all it is where I come from." Ibid.

part également quotidiennement du bâtiment du socle et amène des livres dans les quartiers plus éloignés de l'agglomération. De plus, un tunnel technique traversant le complexe dans le sens nord-sud abrite des conduites d'eau, de gaz, d'électricité et de téléphone. |Fig. 78| Ce programme quelque peu caché mais diversifié des sous-sols est un vestige des utilisations mixtes d'origine.

Dans l'ensemble de Chauderon, il y avait même des logements. À l'extrémité est du bâtiment du socle, on avait aménagé un appartement de trois pièces et un appartement de quatre pièces au premier étage de la Rue de Genève. Des plafonds plus bas dans les salles d'eau intérieures permirent l'installation de bandes de

Fig. 75 — Chauderon 7, bureau avec vue vers l'ouest / Chauderon 7, office with view looking west

Fig. 76 — Bibliothèque, bureau avec vue sur Chauderon 7 / Library, office with view of Chauderon 7

Fig. 77 — AAA, dessin en perspective, sans date / AAA, perspective drawing, undated

day to bring books to outlying residential districts of the agglomeration. In addition, a building services tunnel containing the water and gas pipes, electricity and telephone cables runs in the north-south direction of the Ensemble. |Fig. 78| This somewhat hidden but diverse program on the various basement levels is a relic of the original mix of functions.

    Once there were even people living in the Ensemble Chauderon. At the eastern end of the plinth building two apartments, one with three and the other with four rooms, were made on the first floor on Rue de Genève. Lower ceilings in the internal wet rooms allowed high-level horizontal ribbon windows to be made in the apartment cores so that they were, at least indirectly, naturally lit and ventilated from all directions. The families of the two janitors had privileged access to the planted roofscape that is stepped towards the east and could enjoy the sunset in their private garden. |Figs. 79/80| These apartments were recently converted into office spaces.

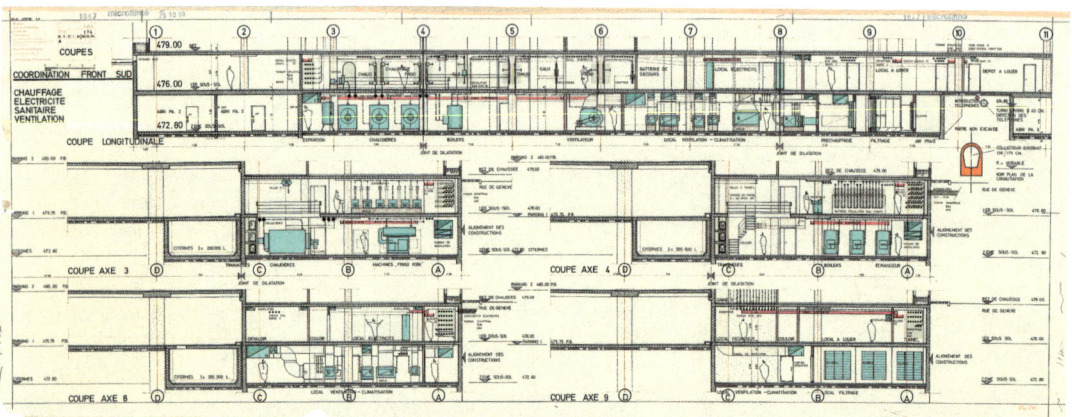

Fig. 78 — AAA, Paul Dumartheray, bâtiment de socle, coupes à travers les étages d'infrastructure, 25.08.1967 / AAA, Paul Dumartheray, plinth building, sections through the infrastructure floors, 25.08.1967

fenêtres horizontales en hauteur au cœur des appartements, les éclairant et les aérant indirectement depuis toutes les directions. Deux familles de concierges bénéficiaient d'un accès privilégié au toit en terrasse orienté vers l'est, aménagé en jardin verdoyant, où elles pouvaient profiter du lever du soleil. |Fig. 79/80| Ces appartements furent récemment convertis en bureaux supplémentaires.

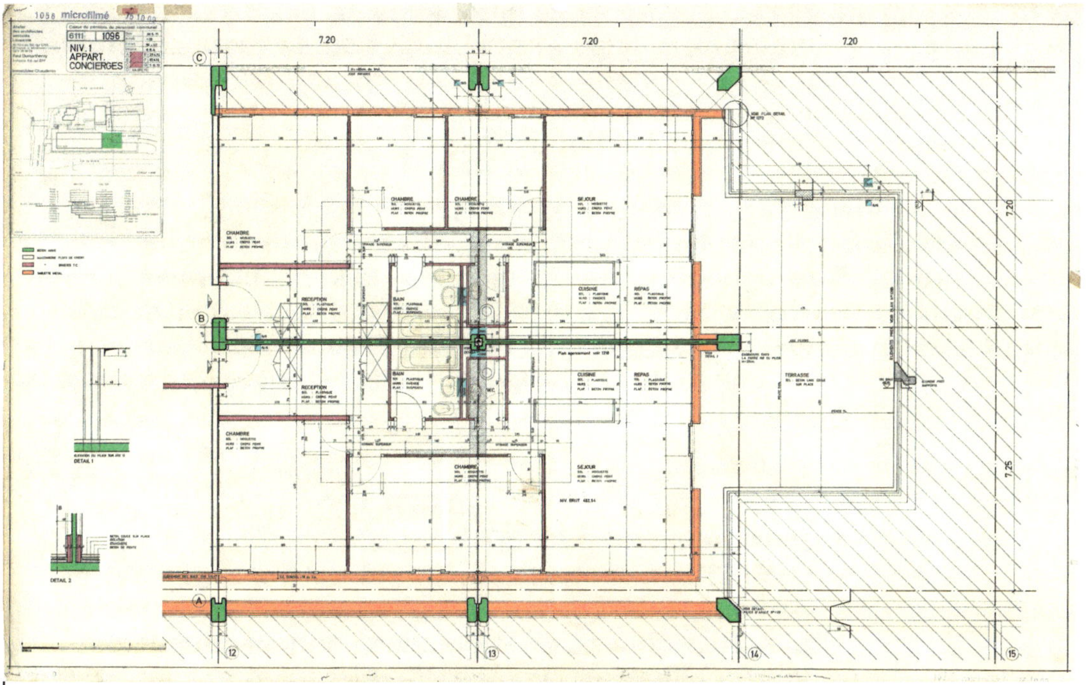

Workplace

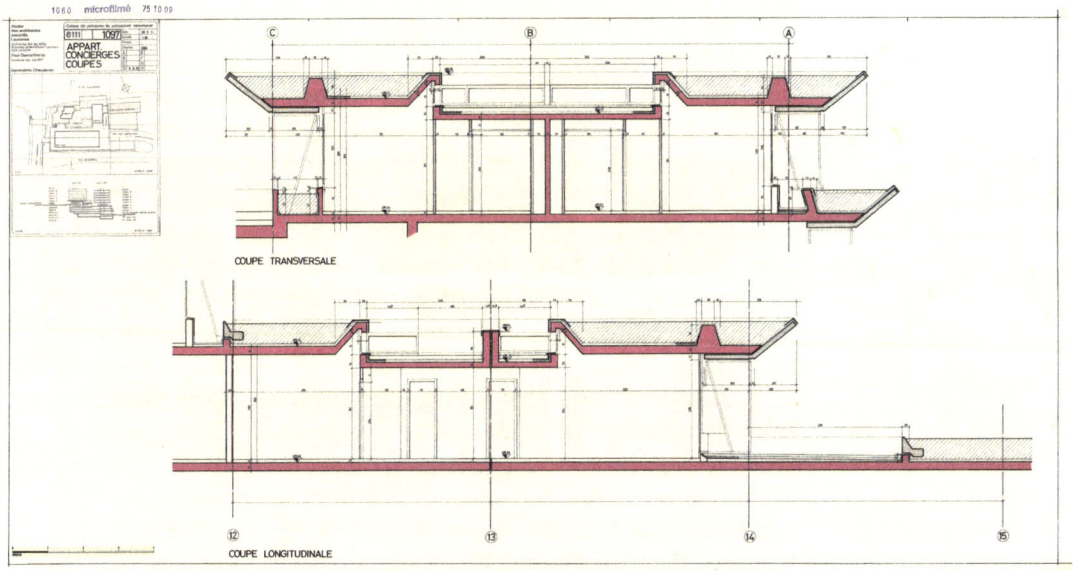

Fig. 79   AAA, Paul Dumartheray, bâtiment de socle, appartements de concierge, plan d'étage, 07.12.1972 / AAA, Paul Dumartheray, plinth building, janitor apartments, floor plan, 07.12.1972

Fig. 80   AAA, Paul Dumartheray, bâtiment de socle, appartements de concierge, coupes, 08.05.1972 / AAA, Paul Dumartheray, plinth building, janitor apartments, sections, 08.05.1972

Au fur et à mesure de l'achèvement des différentes parties de la construction jusqu'en 1974, de nombreux articles furent publiés sur le vaste ensemble administratif Chauderon. Le 2 octobre 1973, l'un des journaux locaux, la Gazette de Lausanne, annonça qu'une inauguration avait eu lieu sur la place du même nom, marquant ainsi le début de la couverture médiatique du projet de construction. Seule la première partie achevée, jouxtant la Maison du Peuple, fut inaugurée. On nota la présence non seulement de Georges André de la Zurich Assurances, qui annonçait avec fierté sa nouvelle adresse grâce à l'enseigne d'entreprise bien visible sur le bâtiment récemment occupé, mais également du conseiller national André Martin, de Georges Derron, président du conseil communal, ainsi que de Georges-André Chevallaz, alors maire de la ville avant de devenir plus tard conseiller fédéral et président de la Confédération.

[68] Nouvelle Revue de Lausanne. 14.12.1974, p. 9.

L'architecte principal de l'AAA, Roland Willomet, présenta le bâtiment et la conception des bureaux paysagers. Déjà au moment de la planification, on était conscient des difficultés que la situation à cet important carrefour de Lausanne engendrait. Le reportage fait également état du problème de la nuisance sonore causée par la circulation sur la place Chauderon, atteignant jusqu'à 90 dB, mais qui put être fortement réduite grâce aux éléments de façade sophistiqués.

Pour les journalistes de la *Gazette de Lausanne*, il était plus important de tourner en dérision le restaurant Silberkugel que de parler de l'ensemble architectural. Peu de temps après l'ouverture de l'établissement, le journal critiqua le mauvais service et le choix malheureux du nom dans un article du 14 septembre 1974, critique reprise dans la *Nouvelle Revue de Lausanne* trois mois plus tard, après l'ouverture du restaurant Mövenpick[68]. Nonobstant la règle de non-alcool, le restaurant Silberkugel servit « exceptionnellement » du vin vaudois.

Avant même que les grues ne soient démontées en 1974 et que les bâtiments ne soient remis aux utilisateur·rice·s, une documentation sur le nouvel ensemble fut publiée dans la revue d'architecture encore jeune à l'époque, *AS Schweizer Architektur/Architecture Suisse/Architettura Svizzera*. Il s'agit de la première présentation complète du complexe architectural comprenant plans et rapports, et fournissant les principales données techniques sur la construction, les façades, les matériaux et les infrastructures, ainsi que sur les coûts de construction (CHF 297.—/m^3).

En novembre 1973, les journaux lausannois *Gazette de Lausanne* et *Nouvelle Revue de Lausanne*, tous deux

During the completion of the individual parts of the building up to 1974 numerous reports were written about the large administrative Ensemble Chauderon. On October 2, 1973, one of the local newspapers, the *Gazette de Lausanne,* reported about an opening on the square of the same name. This was the start of media reports about the new building project. At that time, it was only the building that adjoins the "Maison du Peuple", which was the first one to be completed, that was inaugurated. Georges André from Zurich Insurance Company was present; the company announced its new address with pride by erecting its sign on top of the building it had recently moved into that was visible from afar. Others who attended included André Martin, a member of the National Council, as well as Georges Derron, President of the City Council, and Georges-André Chevallaz, Mayor of Lausanne, later a member of the Swiss Federal Council and President of the Confederation.

67
Nouvelle Revue de Lausanne.
14.12.1974, p. 9.

Roland Willomet, the architect who headed the design team at AAA, explained the building and the concept of the open office floor plans. At an early planning stage, the designers were already aware of the difficult situation at this important junction in Lausanne. In the newspaper report reference was also made to the problem of noise pollution caused by the traffic on Place Chauderon, which could rise to 90 dB but could be drastically reduced through the intelligently designed façade elements.

For the journalists from the *Gazette de Lausanne* making fun of the restaurant Silberkugel seemed more important than reporting about the building complex. Shortly after the restaurant opened an article published on September 12, 1974, criticized the poor service and the unsuitable choice of a German name, three months later, after the Mövenpick restaurant had also opened, this criticism was voiced again in the *Nouvelle Revue de Lausanne*.[67] Whatever the case, in this Silberkugel restaurant an exception was made to the restaurant chain's alcohol-free policy and Vaudois wine was served.

Before the cranes were taken down in 1974 and the buildings handed over to the users, the still relatively new architecture magazine *Schweizer Architektur/ Architecture Suisse/Architettura Svizzera*, published a documentation of the new Ensemble. This was the first comprehensive description of this complex in drawings and texts, and it also provided the most important technical data as regards construction, façades, materials and infrastructures as well as construction costs (CHF 297.—/m^3).

In November 1973 the Lausanne newspapers *Gazette de Lausanne* and *Nouvelle Revue de Lausanne*,

publiés par la même maison d'édition et conscients de la portée du complexe architectural, s'adressèrent à l'administration municipale. « L'importance de cette grande réalisation lausannoise nous incite à prévoir un numéro spécial illustré qui paraîtrait dans nos deux quotidiens[69] ». Le complexe ne fut présenté au public local que plus d'un an plus tard, le 17 décembre 1974, dans des numéros spéciaux des deux journaux. Les lecteur·rice·s découvrirent les particularités architecturales et techniques des bâtiments aux reflets argentés, ainsi que les intentions urbanistiques dans l'article « Une réalisation à l'image du futur deuxième centre lausannois ». De plus, les locataires (Mövenpick, Silberkugel et Zurich Assurances) furent présentés et une interview de Roland Willomet publiée sous le titre programmatique « Des dimensions humaines avant tout[70] ». Même si le journal *24 heures* n'a pas consacré d'article spécifique à l'ensemble de la Place Chauderon, il l'a présenté quelques jours plus tard, en même temps que d'autres nouvelles constructions, dans un article mettant en avant la dimension urbanistique de l'intervention architecturale[71]. Après que le nouveau complexe de construction eut largement fait l'objet d'annonces au public dans les médias fin 1974, l'année 1975 fut exclusivement consacrée à sa présentation technique. Déjà en janvier, une description détaillée fut publiée dans le *Bulletin technique de la Suisse romande*, journal de l'Association suisse des ingénieurs et architectes (SIA) pour la Suisse romande[72]. Une fois de plus, Roland Willomet s'exprima, mais cette fois, pour décrire la façade et les éléments de façade préfabriqués[73].

Différents aspects de l'ensemble (construction en béton[74], construction en acier[75]) furent présentés de manière répétée dans des revues spécialisées et des brochures d'entreprise. Une présentation de cinq pages fut publiée dans l'édition de septembre 1975 de *L'œuvre*, l'organe de communication officiel de la Fédération des Architectes Suisses (FSA)[76]. Cette présentation se distingue toutefois singulièrement des précédentes. | Fig. 81 | Dans une grille de 4 par 5 photographies, quatre séries d'images prennent la forme d'une promenade architecturale : l'arrivée vers l'ensemble par la vieille ville, le passage le long de l'axe du Pont Chauderon, le cheminement sur le passage piéton ainsi que sur la rampe piétonne de la place Chauderon à la terrasse. Il n'était pas rare à l'époque de fournir aux rédactions des quotidiens et des revues spécialisées des images réalisées par

---

[69] Lettre du Service de la publicité à l'administration municipale le 07.11.1973. On y demande également quel serait le meilleur moment pour une telle présentation dans les médias locaux.

[70] Suppléments spéciaux de la Gazette de Lausanne et la Nouvelle Revue de Lausanne. 17.12.1974, p.s.

[71] Lausanne 1974 : une année riche en événements urbanistiques officiels. Dans : 24 heures. 28.12.1974, p.15.

[72] Bulletin technique de la Suisse romande. No 3, Vol.101, 1975, p.30–45.

[73] Willomet, Roland : Le panneau de façade. Dans : Bulletin technique de la Suisse romande. No 3, Vol.101, 1975, p.35–37.

[74] Immeuble Place Chauderon. Exemple d'exécution. Dans : Informationsblatt der Firma StahlTon Prebeton, s.d., s.p.

[75] Construction en acier. Numéro 15, 1975, p.83–92. À noter la discussion exhaustive au sujet de l'ensemble dans la revue espagnole Informes de la construcción (vol. 29, n° 282, numéro de juillet, p. 33–41).

[76] Immeubles administratifs et commerciaux place Chauderon, Lausanne. Dans : L'œuvre. Volume 62, année 1975, numéro 9, p. 813–817.

tion ne pouvait être défini d'une manière précise; il devait également permettre la sous-location à des sociétés non identifiées lors de la conception du projet. Cela étant, il fallait en outre tenir compte du fait que, même une fois définis, les besoins pouvaient évoluer rapidement. Une compagnie d'assurances privée occupe actuellement une partie du bâtiment située à l'est.

Les contraintes

Le plan de quartier, ratifié en 1964, fixait les gabarits des bâtiments. L'intense bruit de la rue (80 – 90 dB), ainsi que les poussières et les gaz gras de la circulation périphérique étaient une des données importantes du problème à résoudre. Il n'était pas question non plus de perturber gravement les grands axes routiers est–ouest de la place Chauderon et de la rue de Genève. En outre, les grues et autres installations ne pouvaient déborder les limites du chantier, ce qui a influé sur le choix du système constructif.

Les solutions, les choix

La conception d'une structure suspendue s'est imposée car l'absence de gros piliers porteurs libère des espaces importants et permet une grande flexibilité dans l'affectation des locaux. Dans les bureaux, la solution du plan libre et des cloisons mobiles assure une adaptation quasi permanente aux besoins en constante évolution. La pollution urbaine et le bruit environnants ont exigé un hermétisme intégral de toute la construction, ainsi que la climatisation qui en découle. Le parti constructif et le choix des structures ont permis de fermer très rapidement l'immeuble. Aux piétons ont été réservées de vastes surfaces protégées où ils pourront se promener, faire leurs achats et musarder sur les terrasses. Un restaurant sert de lieu de rencontres. La vue sur le sud a été sauvegardée par une échappée entre le bâtiment et les terrasses. Toute cette partie de l'ensemble a été traitée de façon à rendre au piéton sa place.

Du fait que les trois plates-for-

Les parcours dans l'espace urbain de la place Chauderon

A Le parcours en descendant de la vieille ville

B Le parcours en direction du pont Chauderon

C Le parcours sur la terrasse entre les deux immeubles

D Le parcours sur la rampe des piétons qui relie la terrasse à la place Chauderon

Narration

Fig. 82 — Carton d'épreuves avec 12 photographies historiques, sans date / Contact print with 12 old photographs, undated

both published by the same company, approached the city administration, as they were aware of the importance of the complex: *"L'importance de cette grande réalisation lausannoise nous incite à prévoir un numéro spécial illustré qui paraîtrait dans nos deux quotidien."*[68] Somewhat more than a year later, on December 17, 1974, both papers presented the complex to the local public in special supplements. Readers were informed about the architectural and special technical features of the gleaming silvery buildings and about the urban design intentions in the article *"Une réalisation à l'image du futur deuxième centre lausannois."*[69] In addition the tenants (Mövenpick, Silberkugel as well as Zurich Insurance Company) were introduced and an interview with Roland Willomet was printed under the programmatic title *"Des dimensions humaines avant tout."*[70] Although the newspaper *24 heures* did not devote a separate article to the Ensemble Chauderon, it presented this project and other new buildings a few days later in a piece in which the urban design aspect of these built interventions was again emphasized.[71] By the end of 1974 general information about the complex had been widely disseminated by the newspapers, consequently in 1975 the focus was on specialist presentations. In January a comprehensive description was provided in the *Bulletin technique de la Suisse romande*, the journal of the Schweizerische Ingenieur- und Architektenverein (SIA) in western Switzerland.[72] Once again Roland Willomet was quoted but this time with a description of the façade and the prefabricated façade elements.[73]

Certain aspects of the construction of the ensemble (concrete[74], steel[75]) were featured regularly in specialist journals or company brochures. In the September 1975 issue of *L'œuvre*, the journal of the Bund Schweizer Architekten (BSA), a five-page description of the ensemble appeared.[76] This presentation differs from those previously published. |Fig. 81| In a grid of 4 by 5 photographs four series of images are presented as a kind of documentation of a *promenade architecturale*: the approach to the ensemble from the old town, walking along the axis of the Pont Chauderon, the route along the pedestrian underpass, and on the pedestrian ramp from Place Chauderon up to the terrace.

As is standard practice in promoting the work of an architecture office, the editorial offices of daily newspapers and specialist journals were supplied with visual material produced by specially commissioned

[68] "The importance of this major Lausanne building project motivates us to plan an illustrated special supplement that would appear in both our daily newspapers." Letter from the *Service de publicité* to the municipal administration on 07.11.1973. It was also enquired about the best time for a presentation in the local media.

[69] "A realization in the spirit of Lausanne's future second center."

[70] Supplement in *Gazette de Lausanne* und *Nouvelle Revue de Lausanne*. 17.12.1974, no pagination.

[71] "Lausanne 1974: une année riche en événements urbanistiques officiels". In: *24 heures*. 28.12.1974, p. 15.

[72] *Bulletin technique de la Suisse romande*. Issue 3, yr. 101, 1975, pp. 30–45.

[73] Willomet, Roland: Le panneau de façade. In: *Bulletin technique de la Suisse romande*. Issue 3, yr. 101, 1975, pp. 35–37.

[74] "Immeuble Place Chauderon. Exemple d'éxecution". In: *Informationsblatt der Firma StahlTon Prebeton*, no year, no pagination.

[75] *Bauen in Stahl*. Issue 15, 1975, pp. 83–92. In this context the exhaustive discussion on the ensemble in the Spanish magazine *Informes de la construcción* (yr. 29, no. 282, issue July, pp. 33–41) is most interesting.

[76] "Immeubles administratifs et commerciaux place Chauderon, Lausanne". In: *L'œuvre*, vol. 62, yr. 1975, issue 9, pp. 813–817.

Fig. 83

PTT, Congrès anniversaire de l'Union postale universelle, feuilles de timbres-poste spéciaux, détail, 1974 / PTT, anniversary congress of the Universal Postal Union, sheets of special postage stamps, detail, 1974

des photographes mandatés pour promouvoir les travaux architecturaux. On a conservé, dans les archives du bureau d'AAA, plusieurs boîtes de tirages photographiques, dont certains furent utilisés dans les publications. |Fig. 82|

L'ensemble se vit être à l'honneur déjà en 1974, date de la fin de sa construction : pour la première fois, le XVIIe Congrès postal universel, qui se tint à Lausanne du 22 mai au 5 juillet 1974, dans le cadre du centenaire

photographers. Several boxes of photographs have survived in the estate of the AAA office, a number of which have found their way to publications. |Fig. 82|

The ensemble already received recognition in the year of its completion 1974. In the framework of the one-hundred-year anniversary of the World Post Union (UPU), for the first time a city that was not the capital of a country was chosen as the location for the World Post Congress (XVII). A special stamp was to be issued for the anniversary congress, which was held from May 22 to July 5, 1974, in Lausanne. The first designs were produced in 1972 but did not receive official approval. In April 1973 the two designs by Ernest Witzig with images of the city of Bern (the city where the UPU was founded) and of Lausanne (the host city for the XVII World Post Congress). The President of the Directorate General of the PTT ("Post-, Telefon- und Telegrafenbetriebe", until 1998) informed the President of the Swiss Confederation as follows: "*Um keine der beiden Städte ... zu benachteiligen, beabsichtigen wir, die zwei Marken auf den Schalterbogen schachbrettartig anzuordnen.*"[77] |Fig. 83| The report about content and concept is concise: "*Das Markenbild von Lausanne zeigt eine Komposition von Schloss, Rathaus und Centre Chauderon, die Berner Marke eine solche vom Bundeshaus, der Altstadt und dem neuen SBB Bahnhof. Die Absicht des Künstlers, das Alte mit dem Neuen harmonisch zu verbinden, kommt auf beiden Bildern sehr gut zum Ausdruck.*"[78] The two stamps were issued on March 28, 1974, two months before the Congress.

An article published in *24 heures* shortly before Christmas 1982 went straight to the point. Under the headline "*On rêvait d'animation à l'italienne – Fiasco d'une petite place lausannoise*"[79] Catherine Desarzens expressed her dissatisfaction with the changes that had taken place in the Ensemble Chauderon. In the article she cites two representatives of the city who describe the difficulties with the shop and restaurant tenants. The low volume of pedestrian traffic across the square, due partly to the lack of apartments and shops in Flon, was seen as regrettable. Through the departure of the restaurants Mövenpick and Silberkugel, which from the start had difficulties in finding a commercial foothold,[80] a vacuum developed that it was now hoped to fill by moving the public library out of the plinth.

It took six months for a response to this criticism by several experts. On June 23, 1983, three articles were

[77] "In order not to discriminate against either of the two cities ... we intend to layout the two stamps in checkerboard fashion on the sheets of stamps sold over the counter." Special issue postage stamps for the XVII World Congress 1974 in Lausanne. Letter from 02.07.1973, p.1.

[78] "The Lausanne stamp shows a composition made up of the castle, city hall and Centre Chauderon, the Bern stamp shows the Federal Palace, the old town and the new SBB station. Both images successfully express the artist's aim to harmoniously combine the old with the new." Ibid., p. 2.

[79] "We dreamed of an Italian kind of liveliness—fiasco of a small square in Lausanne". In: *24 heures*. 20.12.1982, Titel page and p.13.

[80] "In Lausanne we were able to part with a business that had brought us losses". In: *Mövenpick Unternehmungen Jahresbericht 1982/1983*, p. 3.

77
Timbres spéciaux pour le XVIIe Congrès postal mondial de 1974 à Lausanne. Lettre du 02.07.1973, p. 1. : Texte original : « Um keine der beiden Städte ... zu benachteiligen, beabsichtigen wir, die zwei Marken auf den Schalterbogen schachbrettartig anzuordnen. »

78
Ibid., p. 2. : Texte original : « Das Markenbild von Lausanne zeigt eine Komposition von Schloss, Rathaus und Centre Chauderon, die Berner Marke eine solche vom Bundeshaus, der Altstadt und dem neuen SBB Bahnhof. Die Absicht des Künstlers, das Alte mit dem Neuen harmonisch zu verbinden, kommt auf beiden Bildern sehr gut zum Ausdruck. »

79
Dans : 24 heures. 20.12.1982, page de couverture et p. 13.

80
« À Lausanne, nous avons pu nous séparer d'une entreprise qui nous a causé des pertes. » Rapport annuel 1982/1983 de Mövenpick Entreprises, p. 3.

81
Fiasco d'une petite Place lausannoise. Dans : Ingénieurs et architectes suisses. Volume 109, n° 13, 23.06.1983, p. 276–283.

de l'Union postale universelle (UPU), n'eut pas lieu, comme de coutume, dans une capitale de pays. De plus, un timbre-poste spécial devait être émis pour le congrès-anniversaire. Les premiers projets datés de 1972 ne reçurent pas l'approbation officielle. En avril 1973, deux projets d'Ernest Witzig furent choisis avec des vues urbaines de Berne (ville fondatrice de l'UPU) et de Lausanne (où se tint le Congrès). Dans une lettre au président de la Confédération, le président de la Direction générale des PTT (Poste, Téléphone et Télégraphe, jusqu'en 1998) annonça : « Afin de ne pas désavantager l'une ou l'autre des deux villes ..., nous envisageons de disposer les deux timbres sur la feuille de timbres-poste de manière alternée à la manière d'un échiquier[77]. » | Fig. 83 | Le contenu et le concept sont rapportés de manière précise : « L'image du timbre de Lausanne montre une composition du château, de l'hôtel de ville et du Centre Chauderon, tandis que le timbre de Berne montre une composition du Palais fédéral, de la vieille ville et de la nouvelle gare CFF. L'intention de l'artiste de relier harmonieusement l'ancien et le nouveau s'exprime très bien sur les deux images[78]. » Les deux timbres furent mis en circulation deux mois avant le congrès, le 28 mars 1974.

Peu avant Noël 1982, le journal *24 heures* ne mâcha pas ses mots. Titrant son article « On rêvait d'animation à l'italienne – Fiasco d'une petite place lausannoise[79] », Catherine Desarzens y exprime son mécontentement quant aux changements survenus dans l'ensemble de Chauderon et y laisse la parole à deux représentants de la ville qui décrivent la situation difficile des commerces et restaurants installés dans le quartier. On y regrette le faible afflux piétonnier sur la place, notamment en raison du manque de logements et de commerces dans le Quartier du Flon. Avec le départ des restaurants Mövenpick et Silberkugel, qui n'avaient pas réussi à s'établir économiquement[80], un vide s'était créé. On aspirait dès lors à le combler avec le déplacement de la bibliothèque publique hors du bâtiment du socle.

Il fallut six mois au milieu professionnel pour réagir à cette critique. Le 23 juin 1983, trois articles furent publiés dans la revue désormais rebaptisée *SIA Ingénieurs et architectes suisses*[81]. L'architecte et historien de l'architecture Paul Auberson y rédigea un article intitulé « À propos des places italiennes », dans lequel il présentait l'évolution des places urbaines en Italie, du Moyen Âge à l'époque baroque, en réponse évidente

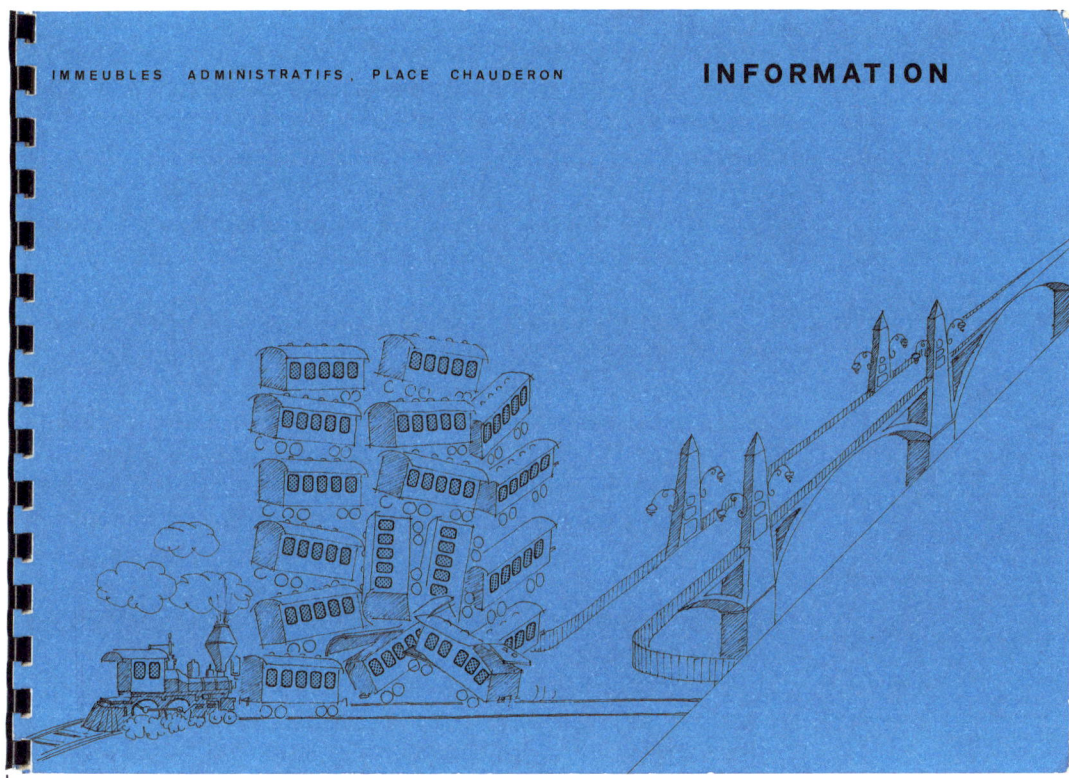

Fig. 84 — AAA, Brochure d'information, couverture, sans date / AAA, Information brochure, cover, undated

81
"Fiasco d'une petite place lausannoise". In: *Ingénieurs et architectes suisses*. Vol. 109, no. 13, 23.06.1983, pp. 276–283.

82
Information. eight-page brochure, no year. ACM, Dossier 0029.02.0004/01.

published in the renamed SIA magazine, *Ingénieurs et architectes suisses:*[81] The architect and architecture historian Paul Aberson wrote a contribution with the title "*À propos des places italiennes*", in which he outlined the development of urban squares in Italy from the Middle Ages to the Baroque era. This was clearly a reaction to the title of the polemical article that had appeared in December. This was followed by a statement by AAA architect Roland Willomet: "*Concevoir une place*", in which he tells about the difficulties in implementing the ensemble. The trio of responses was completed by architect Gilles Barbey in his contribution "*À propos de la vie des places*" in which he reflects on public squares and refers to a carefully chosen bibliography that he provides for readers.

  The architecture office itself had advertising material produced that focused on the Ensemble Chauderon. In this context an undated brochure produced for users of the building is of interest.[82] | Fig. 84 | The essential characteristics of the new complex are outlined, and there are descriptions, some very detailed, of how the building should be used. On the theme of plants

82
Information. Brochure de huit pages, s.d. ACM, Dossier 0029.02.0004/01.

83
Information. Brochure de huit pages, s.d. Feuille « 5 ». ACM, Dossier 0029.02.0004/01.

84
Contribution de trois pages dans AAA : AAA 1961–1975. Paris 1976, ainsi qu'un dépliant de quatre pages. ACM, Dossier 0029.01.0005D.

85
Adler, Florian [/Girsberger, Hans et Riege, Olinde] (éd.) : Guide d'architecture suisse. Les Éditions d'Architecture Artemis. Zurich 1978, p.34. Christen, Willi E. (éd.) : Guide d'architecture suisse. Werk Verlag AG. Zurich 1996, p.113. Dans ce dernier, l'architecte Paul Dumartheray est incorrectement répertorié comme membre de AAA. De même, l'affirmation selon laquelle « le concept de façade est de Jean Prouvé » est incorrecte. Dans le guide d'architecture édité par Bruno Marchand (Architecture du canton de Vaud 1920–1970. Lausanne 2012), il est correctement décrit que AAA a développé la façade avec Jean Prouvé (p. 267). Voir également Bruno Marchand : Des villes nouvelles aux clusters. Mutations territoriales et urbaines de Lausanne et de sa région lors de l'Expo 64. Dans : Revisiter l'Expo 64. Lausanne 2014, p.175. Dans un article de la plateforme en ligne « Espazium », le rôle de Jean Prouvé est incorrectement surestimé : Par exemple Jean Prouvé : renouveler les objets techniques. Dans : espazium.ch, entrée du 27.11.2018. https://www.espazium.ch/de/aktuelles/zum-beispiel-jean-prouve-technische-objekte-erneuern (consulté le 22.03.2023).

au titre de l'article polémique paru en décembre. Ensuite, l'architecte de l'AAA, Roland Willomet, y exposa les difficultés rencontrées lors de la réalisation de l'ensemble dans son article « Concevoir une place ». La triade de réponse se termina par l'article de l'architecte Gilles Barbey intitulé « À propos de la vie des places », dans lequel il réfléchit aux places publiques et renvoie à une bibliographie précisément sélectionnée à l'intention des lecteur·rice·s.

Le cabinet d'architectes lui-même fit également créer du matériel publicitaire mettant en avant l'ensemble de Chauderon, dont, particulièrement, une brochure non datée, produite pour les utilisateur·rice·s du bâtiment[82]. | Fig. 84 | Elle décrit les caractéristiques essentielles du nouveau complexe et fournit des informations détaillées sur la façon dont le bâtiment devrait être utilisé. En ce qui concerne les plantes, on peut lire : « Plantes vertes : – Les plantes vertes et les fleurs font partie de l'aménagement de chaque espace fonctionnel. En observant les plantes, on remarque qu'elles s'orientent vers la lumière. Nous vous suggérons donc de ne pas les déplacer trop souvent. L'arrosage et l'entretien de ces plantes sont assurés par le service des parcs et promenades[83]. »

Dès la fin de la construction, le cabinet d'architectes utilisa en outre d'autres supports publicitaires pour promouvoir l'ensemble[84]. Ainsi, William-Edgar Schenk, cinéaste, fut chargé de documenter sur pellicule l'avancement des travaux durant la période de construction et les étapes importantes de son processus. Un film de 50 minutes en 16 mm intitulé « Architecture-Technique et Technologie » en fut le résultat. Celui-ci offre un aperçu remarquable du processus de construction, de la fabrication des éléments de façade aux équipements sanitaires préfabriqués. | Fig. 85 |

On y fait référence, au début, à Jean Prouvé, qui a joué un rôle essentiel en tant que consultant en façades légères dans la conception des deux bâtiments administratifs. Ce fait avait également été relaté dans certains des rapports sur les bâtiments mentionnés ci-dessus. En ce qui concerne la réception de l'ensemble architectural, qui avait débuté dès la seconde moitié des années 1970 avec son inclusion dans les guides d'architecture de Lausanne ou de la Romandie, et qui se poursuit à ce jour dans des articles de revues spécialisées, il apparaît que l'on aime souligner le rôle de Jean Prouvé, souvent avec des informations erronées[85]. Après sa

the following was said: *Plantes vertes: – Les plantes vertes et les fleurs font partie de l'aménagement de chaque espace fonctionnel. En observant les plantes, on remarque qu'elles s'orientent vers la lumière. Nous vous suggérons donc de ne pas les déplacer trop souvent. L'arrosage et l'entretien de ces plantes est assuré par le service des parc et promenades.*[83] Immediately after completion of the buildings, the Ensemble Chauderon was used for publicity purposes in other material produced by the office, too.[84]

During the construction period the film-maker William Edgar Schenk was commissioned to produce a 50-minute long, 16 mm sound film with the title *Architecture-Technique et Technologie*, which offers remarkable insights into the building process, the production of the façade elements and of the prefabricated sanitary facilities. |Fig. 85| In the introduction to this film reference is made to Jean Prouvé, who as the consultant for lightweight façades—*consultant façades légères*—played a significant role in the design of the two administration buildings. This fact was also mentioned in some of the reports on the buildings referred to above. In the reactions to this ensemble of buildings, which began to appear in the second half of the 1970s when the complex was first featured in architecture guides to Lausanne or French-speaking Switzerland and continue today in the form of articles in specialist journals, the role of Jean Prouvé is often referred to but the information given is frequently inaccurate.[85] A year after his death in 1984, the Ensemble Chauderon was published in the western Switzerland magazine *Ingénieurs et architectes suisses* under the title "*Jean Prouvé et notre région*" and an interview with Roland Willomet was printed in which he outlined the connection to the French designer. It seems as if in order to draw attention to the building complex, it was almost imperative to refer to the famous architect, industrial designer and product designer Prouvé.

In recent years a change in the appreciation of architecture from the boom years has brought several excellent buildings from this period to the attention of numerous expert groups (architects, conservationists, protectors of national character) and has helped to create a more precise and correct image of this often negatively connotated architecture. The ensemble was included in a guide issued in 2013 by the Schweizer Heimatschutz, which has a detail of the façade on the cover—a special form of recognition.[86]

---

[83] "Green plants. The green plants and the flowers are part of the furnishings of every functional space. In looking at plants one sees that they turn towards the sun. We ask that they should not be moved around too often. Watering and care of the plants will be done by the department of parks and promenades." In: *Information*. Eight-page brochure, no year, sheet 5. ACM, Dossier.

[84] Three-page contribution in *AAA: AAA 1961–1975*. Paris 1976, and a four-page leaflet. ACM, Dossier 0029.01.0005D.

[85] Adler, Florian [/Girsberger, Hans und Riege, Olinde] (eds.): *Architekturführer Schweiz*. Les Éditions d'Architecture Artemis. Zurich 1978, p. 34. Christen, Willi E. (ed.): *Schweizer Architekturführer*. Werk Verlag AG. Zurich 1996, p. 113. In the latter, the architect Paul Dumartheray is erroneously described as a member of AAA. Equally erroneous: "The façade concept comes from Jean Prouvé." In the architecture guide published by Bruno Marchand (*Architecture du canton de Vaud 1920–1970*. Lausanne 2012) it is said, correctly, that AAA developed the façade *with* Jean Prouvé (p. 267). See Bruno Marchand: Des villes nouvelles aux clusters. Mutations territoriales et urbaines de Lausanne et de sa région lors de l'Expo 64. In: *Revisiter l'Expo 64*. Lausanne 2014, p. 175. In a contribution on the online platform "Espazium" the role of Jean Prouvé was incorrectly exaggerated: e.g. Jean Prouvé: technische Objekte erneuern. In: espazium.ch, entry from 27.11.2018. https://www.espazium.ch/de/aktuelles/zum-beispiel-jean-prouve-technische-objekte-erneuern (retrieved on 22.03.2023).

[86] Schweizer Heimatschutz (ed.): *Die schönsten Bauten 1960–75*. Zurich 2013, no pagination.

[86] Schweizer Heimatschutz (éd.) : Les plus beaux bâtiments 1960–75. Zurich 2013, s.p.

[87] Lausanne. Dans : Wikipédia. https://de.wikipedia.org/wiki/Lausanne (consulté le 22.03.2023).

mort, en 1984, la revue suisse de SIA Ingénieurs et architectes suisses publia, l'année suivante, un article intitulé « Jean Prouvé et notre région ». Celui-ci présentait l'ensemble de Chauderon et comprenait une interview de Roland Willomet, où l'architecte exposait les liens avec le planificateur français. Il semblait presque incontournable de mentionner le célèbre architecte, designer industriel et développeur Prouvé pour attirer l'attention sur le complexe immobilier.

En raison des valeurs modifiées en relation avec l'architecture du boom économique des Trente Glorieuses, des bâtiments exceptionnels entrent depuis quelques années dans le champ de vision de nombreux groupes d'expert·e·s de divers domaines (architecture, conservation des monuments, protection du patrimoine) et contribuent à préciser et à améliorer durablement l'image de cette architecture souvent négativement connotée. L'ensemble reçu une reconnaissance particulière en étant inclus dans le guide de Patrimoine suisse en 2013, et une vue détaillée de la façade orne même sa couverture[86].

L'ensemble de Chauderon apparaît également au détour d'une consultation de la page Wikipédia de la ville de Lausanne[87] : sous la rubrique « Climat », on trouve une série de quatre images pour chaque saison de l'année, montrant le côté sud de l'ensemble, la Rue de Genève et la région du Flon. |Fig. 86–89| Au fil des ans, il semble que l'on se soit réconcilié avec le complexe immobilier, voire qu'on ait appris à l'apprécier, de sorte qu'il puisse enfin jouer le rôle de représentant de la Lausanne actuelle, pars pro toto.

Narrative

[87] Lausanne. In: Wikipedia. https://de.wikipedia.org/wiki/Lausanne (retrieved on 22.03.2023).

Quite incidentally, if one looks up the Wikipedia page on the City of Lausanne one's attention is drawn to the Ensemble Chauderon.[87] Under the heading "Climate" there is a four-part series of pictures showing the south side of the ensemble, Rue de Genève and the Flon district during the four seasons of the year. | Fig. 86–89 | Over the course of the years people seem to have been reconciled with the complex, perhaps they have even learned to love it, so that it can now assume a role in which it stands *pars pro toto* for present-day Lausanne.

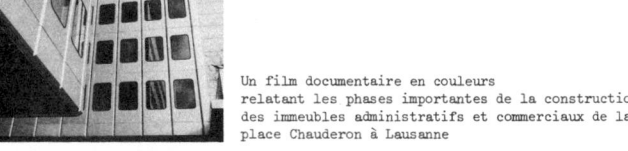

Fig. 85 [William-Edgar Schenk], p.1 sur 2 de la description du film « Architecture Technique Technologie », sans date / [William-Edgar Schenk], p.1 of 2 of the film description "Architecture Technique Technologie", undated

Fig. 86–89 Zacharie Grossen, Lausanne dans les quatre saisons de l'année /
Zacharie Grossen, Lausanne in the four seasons of the year

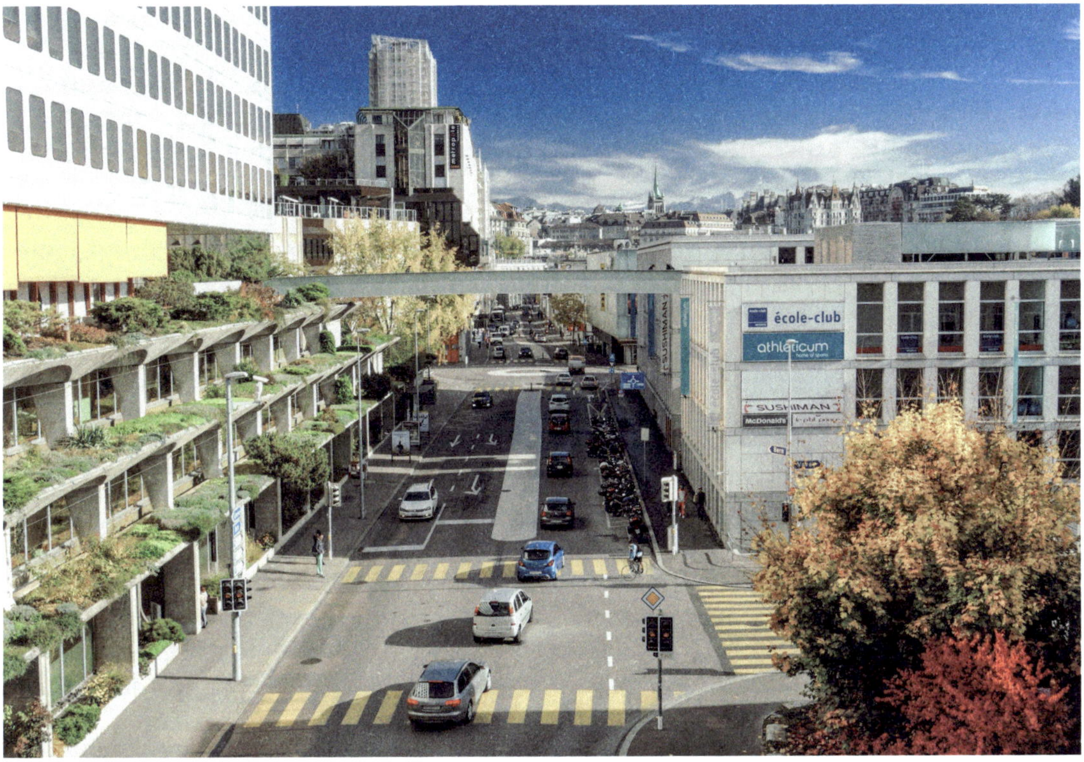
école-club
athleticum
SUSHIMAN

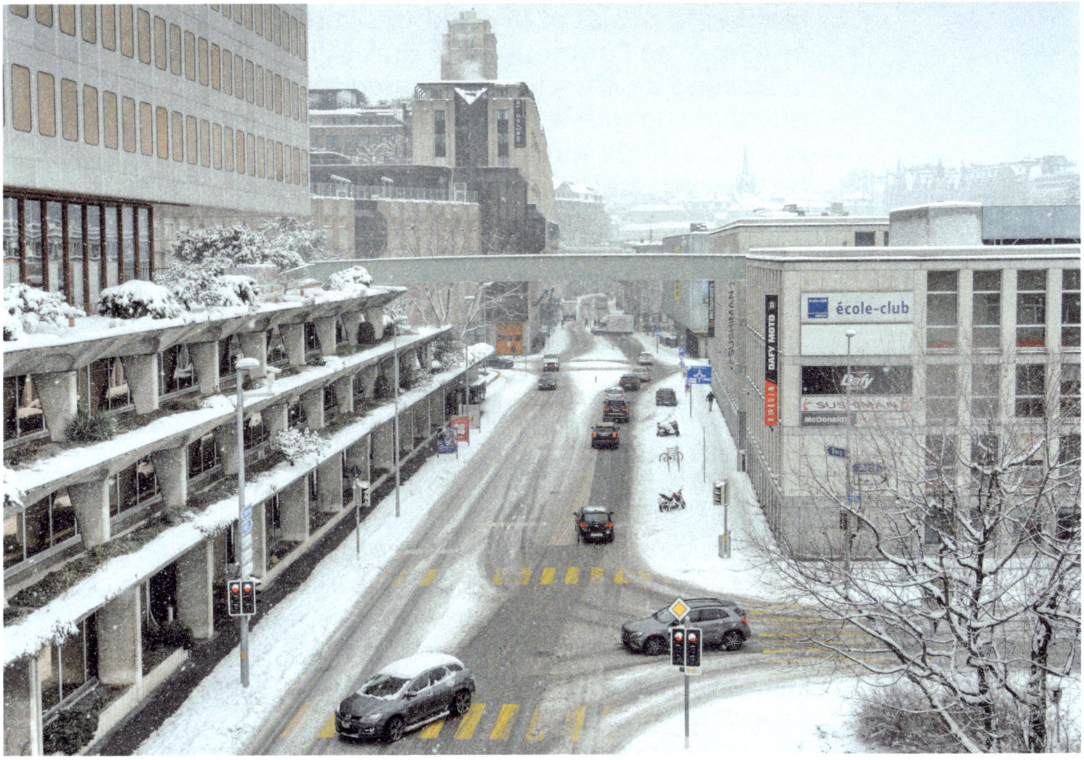
école-club
DAFY MOTO

Culture du bâti

Après l'exposition nationale suisse de 1964, un véritable élan de renouveau s'est emparé de la capitale vaudoise. Bien que l'exposition soit en partie responsable du retard de sept ans dans la réalisation de l'ensemble de Chauderon[88], les planificateurs mirent en œuvre un ambitieux concept d'urbanisme. Il s'agissait ni plus ni moins que de rompre avec une tradition séculaire, celle de la ville monocentrique.

[88] Le début de la construction était initialement prévu pour 1962, mais n'eut lieu qu'en 1969 (voir chapitre Genèse).

[89] La Ville a des vues sur le parking de Montbenon. Dans : Lausanne Cités. 16.05.2020. https://lausannecites.ch/le-journal/lausanne/la-ville-des-vues-sur-le-parking-de-montbenon (consulté le 27.03.2023).

Avec l'ensemble de Chauderon, un second centre devait être ajouté à l'ancien centre, celui de Saint-François. La vision d'une ville polycentrique, telle qu'elle est réalité dans de nombreuses villes, fut ainsi amorcée à Lausanne. Cela se fit au détriment d'un bâtiment historique, d'une liaison routière directe entre la place Chauderon et la Rue de Genève, ainsi que d'une situation topographique. Dans une attitude de tabula rasa typique de l'époque, qui reflétait l'optimisme du progrès et l'euphorie de la reprise économique, ce fut non seulement un ancien bâtiment qui fut remplacé par un nouveau, mais le sol urbain fut sensiblement perturbé, une voie de circulation importante fut éliminée de même que d'anciens arbres furent arrachés, réduisant par là même un certain nombre d'espaces verts.

Les travaux de terrassement nécessaires pour réaliser le projet et le parking souterrain de quatre étages avec l'immeuble de bureaux à l'avant rappellent le Parking de Montbenon[89], ouvert en 1962 à proximité, qui fut érigé grâce à une intervention similaire sur le flanc sud de Montbenon. L'ancien parc historique fut étendu sur le toit du nouveau bâtiment jusqu'à sa façade sud, créant ainsi une terrasse verdoyante.

L'ensemble de Chauderon est un énorme bloc urbain qui a profondément modifié toute la structure urbaine environnante. L'ancienne Rue des Entrepôts, qui reliait la place au Quartier du Flon, fut rapidement convertie en entrée du parking souterrain du complexe. Le bâtiment de l'École d'ingénieurs, construit sur une plate-forme surélevée, céda sa place au bâtiment de socle sur lequel trois immeubles s'élèvent, depuis la Rue de Genève, à 38,50 m de hauteur. Une idée essentielle du projet fut d'équiper la terrasse et les trois niveaux inférieurs du socle de généreux bacs de plantation verdoyants. On peut considérer ces éléments, si l'on se remémore la situation préalable, comme une réinterprétation des anciens plateaux dont les nombreux arbres formaient une oasis verte.

La conception de l'ensemble de Chauderon s'inscrit dans une lignée traditionnelle qui débuta, à la fin des

Building Culture

Following the Swiss National Exhibition in 1964 the mood in the capital of canton Vaud was very positive. Although the exhibition was partly responsible for the seven-year delay in starting work on the Ensemble Chauderon[88] the planners were still able to implement an ambitious urban design concept. The aim was nothing less than to break up a centuries-old tradition, the idea of the monocentric city.

[88] Start of construction was originally planned for 1962, but work only began in 1969 (see chapter Genesis).

[89] "La Ville a des vues sur le parking de Montbenon". In: Lausanne Cités. 16.05.2020. https://lausannecites.ch/le-journal/lausanne/la-ville-des-vues-sur-le-parking-de-montbenon (retrieved on 27.03.2023).

The Ensemble Chauderon was intended to be a second center alongside the old one, Saint-François. In Lausanne an approach was made to the vision of a polycentric city, which is reality in many cities. Achieving this involved the demolition of a historic building, the elimination of a direct street connection between Place Chauderon and Rue de Genève, and dealing with a special topographical situation. In a *tabula rasa* approach typical of the time that reflected an optimistic belief in progress and a euphorically positive mood, not only was an older building replaced by a new one, but interventions were also made in the ground of the city, an important traffic connection was eliminated, and urban greenery in the form of mature trees was removed.

The earthworks needed to implement the project and the four-story underground garage with the office block in front of it recall the nearby Parking de Montbenon[89] which was opened in 1962 and was built on the south slope of Montbenon by means of a similar intervention. The former historic park was continued on its roof, creating a green terrace extending as far as the south façade.

The Ensemble Chauderon is a gigantic urban building block that permanently changed the entire urban structure around it. The former Rue des Entrepôts, which mediated between the square and Flon was, without further ado, transformed into the entrance to the underground garage of the complex. The building of the École d'ingénieurs, which had been erected on an earth plateau, made way for a plinth from which three buildings rise, reaching a height of 38.5 meters from Rue de Genève. The main design idea was to equip the terrace and the three plinth stories below it with lavishly stocked planting troughs. Those aware of the earlier situation may read this as a reinterpretation of the former plateaus, which with their numerous trees once represented a green oasis.

The concept of the ensemble belongs to a tradition that began with the reflections and buildings by Alison and Peter Smithson at the end of the 1950s. This pair, who

90
Smithson, Alison [/Smithson, Peter] : Cluster City. A New Shape for the Community. Dans : Architectural Review 122. n° 730, 11.1957, p. 335–336. Original Text: "It's traditionally the architect's job to create the signs or images which represent the functions, aspirations, and beliefs of the community and create them in such a way that they add up to a comprehensible whole"

91
Les Smithsons envisageaient de reproduire l'ensemble dans la trame urbaine dense de St. James et laissèrent réaliser un photomontage de cette vision au bureau. Il est particulièrement intéressant de constater que le bureau Haefeli Moser Steiger eut la même idée en créant un plan de Zurich Enge montrant la répétition comme tamponnée de leur complexe de gratte-ciel.

années 1950, avec les réflexions et les réalisations d'Alison et Peter Smithson. Ces deux architectes, considéré·e·s comme les fossoyeurs du CIAM (Congrès Internationaux d'Architecture Moderne) et comptent parmi les fondateurs du groupe d'architectes Team X, participèrent en 1957 au concours « Capitale Berlin » où iels obtinrent une honorable deuxième place.
Iels avaient également publié leurs réflexions théoriques dans la prestigieuse revue britannique *Architectural Review*, sous le titre de « Cluster City ». Dans cet article, iels exposent à la fois les tâches de planification des architectes ainsi que le rôle essentiel de leur contribution à une communauté (urbaine) : « Traditionnellement, il incombe à l'architecte de créer les signes ou les images qui représentent les fonctions, les aspirations et les croyances de la communauté et de les concevoir de manière à former un tout compréhensible[90]. » De plus, entre 1959 et 1964, iels eurent la possibilité de réaliser une de leurs réalisations urbanistiques les plus importantes à St. James à Londres : le « Economist Building ». Il s'agit de trois nouveaux bâtiments insérés à l'extrémité d'un îlot, regroupés autour d'une place publique (*plaza*). Celle-ci, surélevée par rapport au niveau de la rue, est réservée à un usage exclusivement piétonnier. Les accès à trois des bâtiments – dont les accès principaux pour deux d'entre eux – sont situés sur cet espace ouvert réalisé de manière perspicace. On est tenté de voir le « Economist Building » comme un modèle pour l'ensemble lausannois, car les deux projets comprennent trois bâtiments, dont l'un s'adosse à un îlot existant, un deuxième se détache de manière monumentale et un troisième, plus bas, abrite une fonction spéciale. Les deux ensembles de bâtiments entourent une place qui ne se trouve pas au niveau de la rue.

À peu près à la même époque, le cabinet d'architectes zurichois Haefeli Moser Steiger avait pu réaliser un concept similaire à Zurich avec leur gratte-ciel « Hochhaus zur Palme » (une place éloignée de la rue entourée de magasins, d'une banque, d'un restaurant et d'une station-service)[91].

Avec la construction de l'ensemble de Chauderon, AAA réussit à implanter un symbole de progrès et de modernité dans la ville. Il est visible de loin, depuis le début du Grand Pont ainsi que depuis la colline de Montbenon, depuis l'extrémité sud du Pont Chauderon, tout comme depuis l'extrémité ouest de la Place Chauderon. Le timbre-poste de l'année de son achèvement

were among the gravediggers of the CIAM (Congrès Internationaux d'Architecture Moderne) and belonged to the founders of the architects group Team X, had not only taken part in 1957 in the competition "Hauptstadt Berlin", winning the respectable second prize, they also developed a theory based on their reflections which they published in the eminent British magazine *Architectural Review* under the title "Cluster City". In this piece they described architects' responsibility as planners as well as their important contribution to an (urban) society. *"It's traditionally the architect's job to create the signs or images which represent the functions, aspirations, and beliefs of the community and create them in such a way that they add up to a comprehensible whole."*[90] In addition, between 1959 and 1964 they realized one of their most important urban planning projects, the Economist Building, in St James in London. This is, in fact, three new buildings that were inserted at the end of a block and are grouped around a public plaza. This public space is raised above the level of the surrounding streets and is therefore solely for the use of pedestrians. The approaches to the three buildings—and two of the main entrances—are from this precisely designed outdoor space. One is almost tempted to read the Economist Building as a model for the Lausanne ensemble, as both projects consist of three buildings, a tall one that adjoins an existing block, a second monumental, free-standing one, and a third, low building that houses a special function. Both ensembles of buildings surround a public space that is not at street level.

At roughly the same time the Zurich architecture office Haefeli Moser Steiger implemented a similar idea in Zurich with the "Hochhaus zur Palme" (a plaza separated from the street, surrounded by shops, a bank, a restaurant, and a filling station).[91]

In building the Ensemble Chauderon AAA succeeded in implementing a symbol of progress and modernity in the city. It is visible from a distance, from the start of the Grand Pont and from the heights of the Montbenon ridge, from the southern end of the Pont Chauderon but also from the western end of Place Chauderon. The postage stamp from 1974, the year the complex was completed, illustrates how the city administration saw itself in an era that was committed to modernism. In the genesis of this ensemble—and of most projects—the role of the client (here played by the pension fund on

---

[90] Smithson, Alison [/Smithson, Peter]: Cluster City. A New Shape for the Community. In: *Architectural Review*. 122, no. 730, 11.1957, pp. 335–336.

[91] The Smithsons thought about reproducing this ensemble in the dense urban mesh of St James and in their office, they had a photo montage of this vision made. Particularly interesting is the almost identical idea from the office of Haefeli Moser Steiger, who had a site plan of Zurich Enge made, with their highrise complex repeatedly stamped on it.

92
Entretien inédit par Christina Haas avec Léopold Veuve à Palézieux le 02.02.2023.

93
Procès-verbal d'une réunion de la commission sur les investissements de la CPCL du 12.01.1961. AVL, Carton 03722, Fiche 06730.

en 1974 témoigne, entre autres, de l'image qu'à de soi l'administration municipale à cette époque – celle de la modernité. La maîtrise d'ouvrage, assumée par la caisse de retraite dans l'intérêt de la ville, d'une part, et de l'administration en tant qu'utilisatrice, d'autre part, ne doit pas être sous-estimée pour l'évolution de l'ensemble et pour les projets en général. En effet, celle-ci, ainsi que le bureau d'urbanisme, influencèrent la décision concernant l'attribution du mandat de réalisation du projet. Ainsi, dans les années 1960, à Lausanne, il était pratique courante de répartir « équitablement » les contrats publics entre les architectes locaux. Chacun pouvait s'attendre tôt ou tard à réaliser un projet de construction[92]. Ainsi, on n'organisa aucun concours pour l'important projet public de l'ensemble de Chauderon, mais deux des chefs de section du bureau d'urbanisme proposèrent AAA comme mandataires possibles au cours d'une réunion entre la caisse de retraite et la ville de Lausanne[93]. On tint très certainement compte du fait qu'AAA était un jeune bureau créatif dont on pouvait attendre de l'innovation.

De nos jours, les utilisateur·rice·s jouent également un rôle majeur dans la culture du bâti de l'ensemble. La terrasse ne peut fonctionner en tant que place que si de nombreuses personnes travaillent dans les bâtiments environnants, si les bâtiments eux-mêmes servent de points d'attraction pour le public et si les chemins qui relient l'ensemble au quartier sont cohérents. La bibliothèque, les équipements de fitness, la station de LEB et la passerelle sont, à des niveaux divers, d'une grande importance pour l'ensemble de Chauderon. |Fig. 90|

Un savoir accru autour d'un objet ne renforce pas seulement la relation rationnelle et intellectuelle avec celui-ci, mais peut également intensifier le lien émotionnel. Si de nombreux bâtiments de l'architecture d'après-guerre sont encore considérés comme peu attrayants par une grande partie de la population, cela peut être simplement dû à un manque de savoir, ou disons plutôt au manque « d'histoire ». Car, dans de nombreux cas, elle n'a pas encore été racontée. Si nous tenons à renforcer la conscientisation des bâtiments des Trente Glorieuses, il sera nécessaire de fournir un récit permettant à la population de développer une relation avec tous les édifices de l'environnement construit. Dans le cas de l'ensemble de Chauderon, la narration de ce récit a débuté très tard et pour l'instant

Fig. 90 — Chauderon 9, station de fitness dans l'espace extérieur couvert / Chauderon 9, fitness station in the covered outdoor area

92 Unpublished interview made by Christina Haas with Léopold Veuve in Palézieux on 02.02.2023.

93 Minutes of a commission meeting about the investments of CPCL on 12.01.1961. AVL, Karton 03722, Fiche 06730.

behalf of the city) on the one hand, and the administration as user on the other, should not be underestimated. The client and the city planning office influenced who should implement the project. In Lausanne in the 1960s it was standard practice for public commissions to be divided "fairly" among local architects. Everyone could reckon with getting a commission some time or other.[92] A competition for the public project of the Ensemble Chauderon was not held, instead at a meeting between the pension fund and the City of Lausanne two senior officials of the city planning office suggested AAA as possible planners.[93] It seems very likely that the fact that AAA was a young creative office from which innovations could be expected was also considered.

The current users also play an important role for the architecture of the ensemble. The terrace can only function as a public space if there are enough people working in the surrounding buildings, if the building attracts the public, and if the routes that connect the ensemble with the neighborhood are convenient for those making their way through the city on foot. The library, the fitness appliances, the LEB station are—at different levels—of great importance for the Ensemble Chauderon. |Fig. 90|

Greater knowledge about a building not only strengthens the rational, intellectual relationship to it, but can also intensify the emotional connection. If many buildings of the postwar modernism are still regarded

[94] Voir la note de bas de page No 85.

[95] Maddalena, Diego: AAA : l'Atelier des Architectes Associés (1961–1976) – Un bureau lausannois durant les Trente Glorieuses. Mémoire inédit à l'Université de Lausanne. 2 tomes, 2020.

[96] Par exemple : Marchand, Bruno (éd.) : Architecture du canton de Vaud, 1920–1975. Lausanne 2012.

[97] Patrimoine Suisse (éd.) : Les plus beaux bâtiments 1960–75. Zurich 2013, s.p.

[98] Aujourd'hui encore, les habitant·e·s de Lausanne associent parfois l'ensemble de Chauderon à la société Zurich Assurances, comme le montrent diverses conversations autour du présent projet de livre.

uniquement dans des cercles spécialisés. Il arrive souvent que des informations erronées persistent dans les récits spécialisés ou que de faux mythes[94] soient perpétués. Pour remédier à cela, il est important de mener des recherches. Elles donnent vie à l'environnement construit à travers des récits informatifs et généralement captivants (*saxa loquuntur*). La première étude sur le bureau d'architecture AAA à l'Université de Lausanne fut présentée en 2020 par Diego Maddalena[95], mais elle n'était pas destinée au grand public. Au cours des dernières années, l'œuvre architecturale d'AAA a fait l'objet d'une recherche scientifique dans le cadre de quelques publications de Bruno Marchand[96], certainement le meilleur connaisseur en la matière en Suisse romande. La publication de Patrimoine suisse intitulée « Les plus beaux bâtiments 1960–75[97] » arborant une image de l'ensemble de Chauderon en couverture, a également favorisé sa popularisation. Actuellement, le bureau d'architecture et de planification AAA fait l'objet d'une étude au sein du projet de recherche « Cultures du bâti en Suisse 1945–1975 » soutenu par le FNS, dont les résultats seront publiés en 2025.

Les travaux de Robert Venturi ont largement contribué à une sensibilisation à la symbolique des formes en architecture et en urbanisme. Dans le cas de l'ensemble de Chauderon, un grand panneau publicitaire de Zurich Assurances fut installé sur Chauderon 7 entre 1973 et 1996. Si l'ensemble lui-même est devenu un repère dans le paysage urbain de Lausanne en raison de sa taille imposante, cette inscription bleue était pour sa part devenue un point de repère, intégré à la carte mentale de nombreux habitant·e·s et passant·e·s[98].

La culture du bâti ne se limite pas seulement aux mécanismes, aux processus, aux acteur·rice·s ou aux qualités architecturales et urbaines qui ont conduit à la création d'un bâtiment. Elle inclut également l'attitude adoptée à l'égard du bâtiment. Par exemple en termes d'entretien, de maintenance et de culture. La fierté des citoyen·ne·s d'une ville à l'égard de leurs bâtiments historiques, célèbres ou simplement importants se manifeste, entre autres, par une appréciation et une attention particulières. À une époque où les attitudes à l'égard des ressources, de la valeur intrinsèque des matériaux et de l'écologie évoluent, il serait vraiment intéressant d'étendre la réflexion sur cette attention et cette appréciation à une très grande partie des éléments de l'environnement construit.

as unattractive by most of the population, this has partly to do with the fact that the knowledge, or let us call it "history", is lacking. In many cases this history has not yet been explained. If we want to strengthen the awareness of buildings from the *Trente Glorieuses* it will be necessary to provide narratives that enable people to develop a relationship to all buildings in the built environment. In the case of the Ensemble Chauderon such narratives began only very late and were initially confined to expert circles. In expert narratives persistent misinformation is often continued or false myths[94] are perpetuated. To eliminate these it is important to conduct research. This gives a voice to informative—and generally also exciting—stories from the built environment (*saxa loquuntur*). Diego Maddalena's[95] master's degree thesis from 2020, which was not directed at a wide public, is the first ever work about the architecture office AAA to be submitted to the Université de Lausanne. In recent years a scholarly examination of the architecture of AAA was conducted in a number of publications by Bruno Marchand,[96] who is probably the leading expert on this material in French-speaking Switzerland, and in its publication, *Die schönsten Bauten 1960–75*,[97] the Heimatschutz Schweiz (Swiss Heritage Society) made the Ensemble Chauderon popular by using a photo of it on the cover. Currently, the architecture and planning office AAA is one of several such offices being researched in the context of the project "Baukulturen der Schweiz 1945–1975", subsidized by Swiss National Science Foundation. The results of this research will be presented in 2025.

The insights of Robert Venturi have helped us to develop a greater sensitivity for symbols in architecture and urban planning. In the case of the Ensemble Chauderon a large sign of the first tenant, Zurich Insurance Company, stood on top of Chauderon 7 between 1973 and 1996. As, through its sheer size, the ensemble itself became a landmark in the cityscape of Lausanne, for many residents and passers-by this blue sign was an aid to orientation and a part of their mental map.

The German term *Baukultur* (literally: culture of building) means not only the mechanisms, processes, actors or architectural and urban planning qualities that have led to a building. It also includes the attitude that is taken to a building, for instance as regards maintenance and servicing. The pride shown by the inhabitants of a city in their historical, famous or simply important

---

[94] See footnote 85.

[95] Maddalena, Diego: *AAA: l'Atelier des Architectes Associés (1961–1976) – Un bureau lausannois durant les Trente Glorieuses*. Unpublished master thesis at the Université de Lausanne. 2 vols., 2020.

[96] Marchand, Bruno (ed.): *Architecture du canton de Vaud, 1920–75*. Lausanne 2012.

[97] Schweizer Heimatschutz (ed.): *Die schönsten Bauten 1960–75*. Zurich 2013, no pagination.

Fig. 91 — Bâtiment de socle, terrasses végétalisées / Plinth building, planted terraces

Fig. 92 — Bâtiment de socle, ruches / Plinth building, beehives

buildings is expressed by particular respect and esteem. At a time when our approach to resources, to the value of materials and to ecology is changing it would be a particularly interesting intellectual experiment to extend this respect and esteem to cover at least a (very large) part of the buildings in our built environment. At first glance the Ensemble Chauderon still looks very well for its age. On taking a closer look one notes that the planted terraces of the plinth building always seem well cared for at every time of year and it is clear that some of the planting was chosen to suit the different seasons. | Fig. 91–93 | It is heartening to see that the City of Lausanne thinks it important to equip these planters and terraces (which doubtless, require a certain amount of expenditure), with beautiful, well-tended green plants. As well as providing greenery in an urban district that has otherwise little planting, this contributes to a particularly attractive architectural expression. The building complex and the generous amount of greenery are complementary elements that stand for an ecological future in the European city. AAA planned this half a century ago, the client implemented these ideas, and the municipal administration today is interested in preserving these

L'Ensemble Chauderon semble généralement encore vraiment magistral pour son âge. Et en y regardant de plus près, on remarque que les terrasses verdoyantes du bâtiment du socle sont toujours bien entretenues et que les plantations y sont modifiées en fonction des saisons. | Fig. 91–93 | Il est agréable de constater que la ville de Lausanne attache de l'importance à l'aménagement et à l'entretien de ces jardinières et terrasses, en y ajoutant de belles plantes vertes. En plus de la présence de verdure dans un quartier par ailleurs peu végétalisé, cela contribue à une expression architecturale particulièrement engageante. Complexe architectural et espaces verts généreux sont deux éléments complémentaires qui représentent clairement un avenir écologique pour la ville européenne. AAA avait déjà planifié cela il y a un demi-siècle, le maîtrise d'ouvrage a concrétisé ces idées et l'administration municipale actuelle s'attache à entretenir ces éléments.

Les habitant·e·s de Lausanne peuvent être fier·ère·s d'un bâtiment tel que l'ensemble de Chauderon, les employé·e·s de l'administration municipale peuvent se considérer chanceux·ses d'avoir un lieu de travail aussi réussi, et les amateur·rice·s d'architecture peuvent se réjouir que cet ensemble – avec ses modifications graduelles – ait préservé de nombreuses qualités en tant que représentant architectural des « Trente Glorieuses ».

elements. The people of Lausanne can be proud of buildings like the Ensemble Chauderon. Employees of the city administration can count themselves fortunate to have such a well-made work environment, and those interested in architecture can be happy that this ensemble—with the gradual changes—has survived to the present day as a built documentation of the *Trente Glorieuses* that exhibits many of that period's best qualities.

Fig. 93 Bâtiment de socle, jardinières végétalisées / Plinth building, planting troughs

Épilogue 172

La façade de l'ensemble brille jour après jour de sa couleur argentée et bronze, reflétant les variations de lumière des différents moments de la journée ou des saisons. Le jeu de lumière est particulièrement étonnant en soirée, vu de la terrasse au coucher du soleil. Alors que la façade semble encore neuve aujourd'hui, certains espaces intérieurs font cependant montre, après environ cinquante ans d'utilisation, de vétusté.

99
Suppléments spéciaux dans la Gazette de Lausanne et la Nouvelle Revue de Lausanne. 17.12.1974, s.p.

En général, les bâtiments sont rapidement jugés selon différents standards. Lorsque l'on évoque les bâtiments de Chauderon dans une conversation, ils sont souvent désignés par les interlocuteur·rice·s comme les « plus beaux » ou les « plus laids » de Lausanne. L'ensemble est un repère incontournable de la ville et suscite la polarisation.

Les conservateur·rice·s du patrimoine sélectionnent à titre professionnel certains bâtiments existants comme étant les meilleurs, les déclarent dignes de protection et vouent ainsi implicitement le reste des bâtiments – soit plus de 80 % du patrimoine bâti – à la démolition. Iels laissent les bâtiments à la merci du marché. Cependant, la démolition massive et généralisée de bâtiments historiques – qu'ils aient trois cents ou trente ans – n'est plus une option valable à l'heure des crises climatique et des ressources. Beaucoup trop d'énergie grise est gaspillée par des démolitions et reconstructions précipitées. Le défi actuel réside au contraire dans l'entretien attentif et la construction intelligente. Il serait dès lors indiqué de passer d'une catégorisation simplifiée des bâtiments en bons/mauvais ou beaux/laid à une évaluation différenciée mettant en valeur les qualités positives, décrivant les potentiels et les défis, ainsi que participant à diffuser les connaissances sur un bâtiment.

Dans le cas de l'ensemble de Chauderon, les qualités se trouvent au cœur d'innovations techniques évidentes – les éléments de façade préfabriqués et la structure porteuse – et dans la manière réfléchie dont les architectes ont réalisé la configuration urbaine, dimensionné les volumes, sans oublier l'intégration de zones vertes. Tout cela selon la devise : « Des dimensions humaines avant tout[99] », |Fig. 94–97| l'objectif déclaré étant que l'être humain s'y sente bien. Des éléments tels que des bacs à plantes devant les bureaux, des vitrines dans les passages souterrains, des façades transparentes le long des parcours et des entrées adaptées à l'échelle humaine étaient destinés au bien-être des piéton·ne·s et des utilisateur·rice·s. Ces qualités devraient en tous cas être poursuivies lors de futures mesures. Il s'agit

Epilogue

The façade of the ensemble shimmers in silver and bronze day-in, day-out, reflecting the mood of the light at different times of the day and year. In the evening, at sunset, this play of light is particularly impressive when seen from the terrace. While the façade today still looks almost as good as new, after about fifty years of use some of the rooms in the interior are showing signs of their age.

Generally speaking, assessments of buildings are made rapidly and according to different standards. If one talks to people about the buildings of Chauderon they often refer to them as the "loveliest" or the "ugliest" buildings in Lausanne. The ensemble is an established and well-known landmark—and it polarizes.

Monument conservationists are experts who determine which are the best existing buildings and declare them worthy of preservation and who therefore, albeit indirectly, give their acquiescence to the demolition of all other buildings, i.e. more than 80 percent of the existing building stock. They leave buildings to the arbitrariness of the market. The massive and widespread demolition of historic buildings—whether they be three hundred or thirty years old—is no longer a viable option in times of dramatic climate and resource crises. Too much grey energy is wasted through premature demolition and the hasty erection of a new building. Today the challenge is the careful maintenance and intelligent continuation of existing buildings. It therefore makes sense to move away from a simplistic categorization of buildings as good or bad, beautiful or ugly and towards a differentiated assessment in which positive qualities are emphasized, potential and challenges are described, and knowledge about a building is disseminated.

The particular qualities of the Ensemble Chauderon, alongside the clearly exceptional technical innovations—the prefabricated façade elements and the structure—lie in the carefully-considered way in which the architects undertook the urban positioning of the buildings, dimensioned the volumes, and did not forget the importance of urban greenery. This was all in accordance with the motto: *"Des dimensions humaines avant tout"*.[98] | Fig. 94–97 | The intention was that people should feel well in Ensemble Chauderon. Elements such as planters in front of offices, showcases in the underpasses, transparent façades along the routes, and entrances with a human scale aimed at ensuring a sense of well-being among pedestrians and users. Any future measures should consider these qualities. This also has to do with our

[98] "Human dimensions above all". Supplements to the *Gazette de Lausanne* and the *Nouvelle Revue de Lausanne*. 17.12.1974, no pagination.

Épilogue

là pour le moins d'un égard nécessaire pour les bâtiments hérités d'une génération précédente. Après tout, qui sont les héritier·ère·s des bâtiments des périodes passées ? Ce ne sont pas les institutions que nous avons créées en tant que société. Ce sont nous tou·te·s qui en obtiennent les droits mais à qui incombent également les responsabilités envers le patrimoine bâti historique.

Lorsqu'on a demandé à René Vittone, l'un des participants à la planification de l'ensemble, quelles étaient les réactions de la population face à celui-ci, il a simplement répondu : « Scandale ![100] ». L'enthousiasme tarda à venir. Peut-être est-ce une question de génération : ceux qui ont vécu la construction dans les années 1970 ont plus de mal à l'apprécier que ceux qui ne peuvent plus imaginer la Place Chauderon sans les bâtiments d'AAA et qui associent peut-être de beaux souvenirs à la bibliothèque ou au petit parc de fitness. L'ensemble de Chauderon a maintenant trouvé son public, du moins parmi les professionnels. Sur le compte Instagram « baukulturen_der_schweiz[101] », ce sont les publications sur l'ensemble de Chauderon qui sont les plus populaires et reçoivent des « likes ». On peut supposer que les personnes qui suivent ce compte sont majoritairement des architectes ou du moins des personnes intéressées par l'architecture. De plus, des étudiant·e·s en architecture intéressé·e·s visitent régulièrement l'ensemble[102]. Il peut être un lieu incommodant pour certain·e·s, mais il est maintenant totalement intégré, tissé à la ville environnante, devenant un véritable emblème de Lausanne.

L'ensemble de Chauderon n'est pas classé comme monument historique, bien qu'il soit qualifié dans l'ISOS (Inventaire des sites construits d'importance nationale[103]) du plus haut niveau de protection, soit le niveau A[104]. En 2019, une « Commission spéciale pour assurer une évaluation scientifique et indépendante du patrimoine architectural du XXe siècle, 1920–1975[105] », dirigée par Bruno Marchand, a également recommandé sa protection. Les expert·e·s considèrent donc l'ensemble comme l'un des bâtiments les plus remarquables de Lausanne. Selon des informations verbales, des démarches sont en cours auprès des autorités cantonales de la conservation du patrimoine en vue de sa protection[106]. Cependant, des rénovations majeures sont prévues dans un avenir proche, qui impliqueront une intervention substantielle sur les éléments de construction originaux jusqu'à présent préservés[107]. Les travaux

---

[100] Entretien inédit par Christina Haas avec René Vittone et Jean-Pierre Dresco à Pully le 06.09.2022.

[101] www.instagram.com/baukulturen_der_schweiz (consulté le 27.03.2023).

[102] Entretien inédit par Christina Haas avec une employée du Secrétariat général sports et cohésion sociale à Lausanne le 08.02.2023.

[103] L'ISOS est un inventaire de l'Office fédéral de la culture (OFC) qui documente les sites construits les plus importants de la Suisse. www.bak.admin.ch/isos (consulté le 27.03.2023).

[104] Dans l'inventaire ISOS « Lausanne », des bâtiments importants pour le paysage urbain sont mis en évidence, catégorisés et décrits. On constate que le reportage photographique complet ne montre pas l'ensemble Chauderon, mais celui-ci est distingué par le niveau de protection A dans le texte à la page 104. Tous les autres bâtiments avec le même niveau de protection dans l'ISOS, à Lausanne, sont classés monuments historiques. PDF : https://api.isos.bak.admin.ch/ob/4397/doc/ISOS_4397.pdf (consulté le 27.03.2023).

[105] PDF : https://www.vd.ch/fileadmin/user_upload/themes/culture/patrimoine_bati/fichiers_pdf/Rapport_evaluation_scientifique_patrimoine_architectural_20e_siecle.pdf (consulté le 27.03.2023).

[106] Appel téléphonique avec le Service de protection du patrimoine de la ville de Lausanne, janvier 2023.

[107] Par exemple, les installations sanitaires originales encore préservées doivent être remplacées et les œuvres d'art dans les ascenseurs doivent être retirées. Entretien inédit par Christina Haas avec des employé·e·s du Service de Gérance à Lausanne le 08.02.2023.

Epilogue

Fig. 94 — Escalator de la Place Chauderon à l'ensemble square, photographie ancienne, sans date / Escalator from Place Chauderon to ensemble square, old photograph, undated

Fig. 95 — Chemins piétonniers vers l'ensemble square, photographie ancienne, sans date / Pedestrian routes to ensemble square, old photograph, undated

99 Unpublished interview that Christina Haas made with René Vittone and Jean-Pierre Dresco in Pully on 06.09.2022.

appreciation of buildings inherited from earlier generations. Who, after all, are the heirs of the buildings from past periods? It is not the institutions that our society has created. It is all of us who have rights but also duties as regards historic building stock.

When René Vittone, one of those involved in planning the ensemble, was asked in a discussion about the public reaction to it, he simply answered: "Scandals!"[99] Enthusiasm took a long time coming. This may well be a generational question: those who experienced the

Épilogue

de transformation sont justifiés par des installations obsolètes et de nouvelles exigences techniques, mais pour préserver l'intégrité de l'ensemble, ces mesures devraient indéniablement être en accord avec son architecture et son urbanisme. En l'absence d'une autorité de conservation du patrimoine responsable de l'examen et de l'évaluation, il ne reste que l'espoir que les décideur·euse·s traiteront l'ensemble d'une manière démontrant l'appréciation qu'iels ont de ses qualités.

Fig. 96 — Chauderon 9 et bibliothèque, photographie ancienne, sans date / Chauderon 9 and "Bibliothèque", old photograph, undated

Fig. 97 — Sous-voie depuis le Pont Chauderont jusqu'à la place de l'ensemble, photographie ancienne, sans date / Underpass from Pont Chauderon to ensemble square, old photograph, undated

Epilogue

construction of the building in the early 1970s have greater difficulties with it than those who cannot imagine Place Chauderon without the buildings by AAA and perhaps associate them with pleasant memories of the library or the small fitness park. By now the Ensemble Chauderon has found its fans, at least among the experts. On the Instagram account "baukulturen_der_schweiz"[100] posts about the Ensemble Chauderon are the most popular and receive the most "likes". One can assume that most of the people who follow this account are architects or at least have an affinity to architecture.

In addition, architecture students frequently visit the ensemble.[101] For some it may be a problematic place but by now it has been woven together with the city surrounding it and is a real symbol of Lausanne.

The Ensemble Chauderon is not under a preservation order, although it is listed in the ISOS ("Inventar schützenswerter Ortsbilder der Schweiz")[102] under the highest protection category A.[103] In 2019 a "Commission spéciale pour assurer une évaluation scientifique et indépendante du Patrimoine architectural du XXe siècle, 1920–1975"[104] headed by Bruno Marchand recommended that it be placed under protection. Experts regard the Ensemble as one of the most remarkable buildings in Lausanne. According to verbal statements the cantonal conservation body is currently working on placing the complex under protection.[105] However, extensive renovation work is due to be undertaken shortly, which will involve major interventions in those parts that have, so far, survived in their original state.[106] These building works are being carried out for good reason—to upgrade outdated facilities and meet new technical requirements—but to ensure the integrity of the ensemble these measures should be in harmony with the architecture and the urban planning concept. If it is not intended to involve conservation experts, then it can only be hoped that decision-makers will deal with the ensemble in a way that demonstrates their appreciation of its qualities.

---

100 baukulturen_der_schweiz. www.instagram.com/baukulturen_der_schweiz (retrieved on 27.03.2023).

101 Unpublished interview that Christina Haas made with a member of the Secrétariat général sports et cohésion sociale in Lausanne on 08.02.2023.

102 The ISOS, Inventory of sites worthy of protection in Switzerland, is an inventory of the Federal Office of Culture), which documents the most important sites in Switzerland according to architectural and historical criteria. www.bak.admin.ch/isos (retrieved 27.03.2023).

103 In the ISOS inventory "Lausanne" buildings of importance for the appearance of the city are chosen, categorized and described. It is remarkable that this extensive photographic report omits the Ensemble Chauderon, which, however, on p. 104 of the text is given the protection category A. All other buildings in the same protection category in ISOS are under a protection order in Lausanne. PDF: https://api.isos.bak.admin.ch/ob/4397/doc/ISOS_4397.pdf (retrieved on 27.03.2023).

104 "Special Commission to Ensure a Scientific and Independent Evaluation of the Architectural Legacy of the 20th Century, 1920–1975". PDF: https://www.vd.ch/fileadmin/user_upload/themes/culture/patrimoine_bati/fichiers_pdf/Rapport_evaluation_scientifique_patrimoine_architectural_20e_siecle.pdf (retrieved on 27.03.2023).

105 Telephone conversation with the municipal conservation body in Lausanne, January 2023.

106 Among other measures, the WCs which have survived in their original state are to be replaced and the artwork in the lift cabins are to be removed. Unpublished interview made by Christina Haas with staff of the *Service de Gérance* (building janitor's service) in Lausanne on 08.02.2023.

Remerciements

Nos remerciements s'adressent en tout premier lieu à Axel Humpert et Tim Seidel (Direction de l'Institut) ainsi qu'à Oswald Hari (responsables de la formation bachelor) de l'Institut d'architecture de la Haute école spécialisée de nord-ouest de la Suisse FHNW Muttenz pour la réalisation de ce projet de livre.

Un remerciement tout particulier est dû aux anciens membres du cabinet d'architecture AAA Léopold Veuve et René Vittone ainsi qu'à l'ancien architecte cantonal vaudois Jean-Paul Dresco pour leur disponibilité lors des divers entretiens.

Nous remercions le photographe Julian Salinas, qui a capturé l'ensemble avec un grand engagement, ainsi que Linus Kneubühler, étudiant en architecture à la FHNW, qui nous a mis à disposition plusieurs photographies.

Nous tenons à remercier chaleureusement la Caisse de pension du personnel communal CPCL pour l'accès à l'ensemble de Chauderon et pour les droits photographiques, ainsi que Massimo Spizzo et Ahmet Salvador du Service des Gérance pour les visites de l'ensemble de Chauderon et les réponses à nos nombreuses questions, tout comme tous les employé·e·s et utilisateur·rice·s de l'ensemble qui ont accepté de participer à des entretiens.

Nous remercions aussi le directeur Salvatore Aprea et l'archiviste Barbara Galimberti des Archives de la construction moderne (ACM) pour le soutien accordé à notre projet de livre. Nous adressons également nos remerciements particuliers à Arnaud van Schilt des Archives de la Ville de Lausanne tout comme à Sarah Liman Moeri du Musée Historique Lausanne.

Bruno Marchand reçoit notre extrême reconnaissance pour les échanges scientifiques ainsi que pour la préface rédigée avec précision.

Diego Maddalena nous a apporté une aide précieuse grâce ses connaissances au sujet de AAA ainsi qu'en ce qui concerne divers aspects de la conservation du patrimoine à Lausanne. Nous remercions Walter Bernet de Mövenpick Holding AG pour nous avoir fourni des informations sur les restaurants Mövenpick et Silberkugel, ainsi que Thomas Inglin et Jean-Patrick Balimann de Zurich Insurance Company SA pour leurs informations sur sur les archives de leur entreprise.

La mise en œuvre conceptuelle et créative du contenu en un livre attrayant a été réalisée par Pascal Storz. L'illustration de la couverture, très réussie, ainsi

Acknowledgements

We owe deep thanks for the realization of this book project firstly to Axel Humpert and Tim Seidel (Institute Management) and Oswald Hari (Director of Bachelor Degree Course,) from the Institute for Architecture at the FHNW Muttenz. We particularly wish to thank the former members of the architecture office AAA—Léopold Veuve and René Vittone—and the former Vaud Canton Architect Jean-Pierre Dresco for their willingness to answer numerous questions in many interviews. Our thanks are due also to the photographer Julian Salinas who showed great commitment in recording the ensemble in his pictures. In addition, Linus Kneubühler kindly made numerous photographs available.

For granting access to the building and for photo rights our thanks go to the Caisse de pensions du personnel communal de Lausanne CPCL. For arranging visits to the ensemble and for answering our many questions we would like to thank Massimo Spizzo and Ahmet Salyador from the Service des Gérances, ville de Lausanne. Our thanks go to all the staff and users of the ensemble who made themselves available for discussions.

We wish also to thank the Director of the Archives de la construction moderne ACM, Salvatore Aprea, and the archivist Barbara Galimberti for their friendly support of our book project. From Les Archives de la Ville de Lausanne we especially wish to thank Arnaud van Schilt, and from the Musée Historique Lausanne Sarah Liman Moeri. For informative discussions and for the foreword our heartfelt thanks go to Bruno Marchand. We thank Diego Maddalena for his generosity in sharing his knowledge about AAA and conservationist issues in Lausanne. Our thanks go to Walter Bernet from Mövenpick Holding AG for his information on the restaurants Mövenpick and Silberkugel and to Thomas Inglin and Jean-Patrick Balimann from the Zurich Insurance Company Ltd. for their information on the company archive of Zürich Versicherungen.

Pascal Storz undertook the conceptual and design implementation of the contents to create an attractive book. The design of the cover illustration came from Moritz Wick, who also drew three location plans. Sincere thanks to them for their aesthetically appealing graphic design and drawings. Our thanks to the students Maximilian Bächli and Manuel Scherrer for providing an axonometric which they made in the context of a work for the Chair for Construction Heritage and Conservation

Remerciements

que les trois plans de situation ont été créés par Moritz Wick. Tous deux sont remerciés pour leur travail de conception graphique et de dessin esthétique. Nous tenons également à remercier Maximilian Bächli et Manuel Scherrer pour avoir fourni une technique d'axonométrie qu'ils ont développée dans le cadre de leur travail à la chaire de préservation du patrimoine de construction et des monuments du Prof. Dr. Silke Langenberg à l'École Polytechnique Fédérale de Zurich. Nous remercions Roderick O'Donovan et Patricia Nydegger pour leur traduction extraordinairement réussie ainsi que Silke Rabus, Doris Tranter et Antonin Danalet pour leur révision et leur relecture précises. Nous tenons à remercier Christoph Merian Verlag tout comme son directeur Oliver Bolanz ainsi que la directrice de production Iris Becher, les deux employées marketing, Andrea Bikle et Karin Matt ainsi que la stagiaire Nataša Pavković pour leur aide agréable, toujours amicale et bienveillante ainsi que pour leur soutien financier.

Si ce livre apporte de la joie aux lecteur·rice·s s'iels y trouvent de l'intérêt pour le contenu et ont ainsi acquis un aperçu de la culture du bâti de la Suisse romande et de la Suisse, l'effort déployé en aura alors largement valu la peine.

Christina Haas et Harald R. Stühlinger

Acknowledgements

of Prof. Dr. Silke Langenberg at the ETH Zurich. Thanks also to Roderick O'Donovan for his extremely successful translation and to Silke Rabus and Doris Tranter for their precise proofreading and corrections.

We wish to thank the head of Christoph Merian Verlag, Oliver Bolanz, and Iris Becher who is responsible for proofreading and production, as well as both marketing staff Andrea Bikle and Karin Matt, along with the intern Nataša Pavković for their uncomplicated and always friendly and generous help and for the financial support.

If this book gives pleasure to the esteemed readers upon reading it, if they find the contents interesting and in this way gain insights into the building culture of Romandy and Switzerland as a whole, the effort involved will have been more than worthwhile.

Christina Haas and Harald R. Stühlinger

Fiche technique / Datasheet 182

Adresse / Address:	Place Chauderon 7, 9 et / and 11, 1003 Lausanne
Surface de terrain / Size of site:	8010 m²
Volume réalisé / Built volume:	145 000 m³
Surfaces réalisées / Built floor areas:	12 000 m² de bureaux / offices 6300 m² de surfaces commerciales / shops 10 000 m² de parking / car parking (300 places / parking space) 4000 m² d'espace / outdoor space
Architectes / Architects:	Atelier des Architectes Associés (AAA): Léopold Veuve (Chef de project jusqu'en / project head until c. 1965) Roland Willomet (Chef de project dès / project head from c. 1965) René Vittone (Chef de project adjoint / substitute) tout comme l'architecte / and architect Paul Dumartheray
Ingénieurs civils / Civil engineers:	B. Janin et / and T. Girard, Communauté d'Études techniques SA, R.J. Hediger und / and P.H. Werner
Conseil façade / Façade consultant:	Jean Prouvé
Fabriquant façade / Producer of façade:	André Félix
Client / Client:	Caisse de pensions du personnel communal de la Ville de Lausanne (CPCL), Commune de Lausanne
Plan de quartier / District plan:	2 mars 1965 / March 2, 1965
Concept et construction / Design and construction:	1960–1974
Coûts / Costs:	43.065.000 CHF (297.—/m³)
Mesures / Measures:	1988: Agrandissement du bâtiment de la bibliothèque, Architekt Nicolas Petrovitch-Niegoch / Eextension to library building, architect Nicolas Petrovitch-Niegoch 1995: Ouverture de la gare LEB de Chauderon / opening of Chauderon LEB station 2007: Achèvement de Passerelle, architecte Mestelan & Gachet / completion of the footbridge, architects Mestelan & Gachet 2013: Rénovation de la bibliothèque un incendie criminel / renovation of the library following arson attack

Bibliographie / Sources

Monographies et guide architectural / Monographs and architecture guides

Adler, Florian [/Girsberger, Hans und Riege, Olinde] (Hg. / eds.): *Guide d'architecture suisse*. Les Éditions d'Architecture Artemis. Zürich / Zurich 1978.

Christen, Willi E. (Hg. / ed.): *Guide d'architecture suisse*. Werk Verlag AG. Zürich / Zurich 1996.

Lugon, Olivier [/Vallotton, François] (Hg. / eds.): *Revisiter l'Expo 64*. Lausanne 2014.

Maddalena, Diego: *AAA, l'Atelier des Architectes Associés (1961–1976) – Un bureau lausannois Durant les Trente Glorieuses*. Travail de master non publié à l'Université de Lausanne / unpublished master's degree thesis at the Université de Lausanne, 2. Bde / 2 vols, 2020.

Marchand, Bruno (Hg. / ed.): *Architecture du canton de Vaud 1920–1970*. Lausanne 2012.

Schweizer Heimatschutz (Hg. / ed.): *Les plus beaux bâtiments 1960–75*. Zürich. 2013.

Film

Architecture-Technique et Technologie. Fourapain films, William Edgar Schenk, 1974.

Archives / Archives

Archives de la construction moderne (ACM), Lausanne.

Archives de la Ville de Lausanne (AVL).

Journaux et magazines / Magazines

Architectural Review. 122, numéro / no. 730, 1957.

Bauen in Stahl. Numéro / issue 15, 1975.

Bulletin technique de la Suisse romande. Numéro / issue 3, année / yr. 101, 1975.

L'œuvre. Volume / vol 62, année / yr. 1975, numéro / issue 9.

Gazette de Lausanne. 17.12.1974.

Le Conteur vaudois. Journal de la Suisse romande. Numéro / issue 31, 1881.

Mövenpickles, Mövenpick Informationen. Numéro / no. 10, 1974.

Nouvelle Revue de Lausanne. 14.12.1974.

Nouvelle Revue de Lausanne. 17.12.1974.

24 heures. 28.12.1974.

24 heures. 20.12.1982.

World Wide Web

www.bak.admin.ch/isos

www.de.wikipedia.org/wiki/Lausanne

www.espazium.ch/de/aktuelles/zum-beispiel-jean-prouve-technische-objekte-erneuern

www.instagram.com/baukulturen_der_schweiz/

www.lausanne.ch/portrait/carte-identite/architecture-et-monuments/patrimoine-architectural/urbanisme-aujoudhui/quartier-du-flon.html

www.lausannecites.ch/le-journal/lausanne/la-ville-des-vues-sur-le-parking-de-montbenon

www.rts.ch/info/regions/vaud/4590947-lincendie-de-la-bibliotheque-de-chauderon-a-lausanne-est-criminel.html

www.vd.ch/fileadmin/user_upload/themes/culture/patrimoine_bati/fichiers_pdf/Rapport_evaluation_scientifique_patrimoine_architectural_20e_siecle.pdf

Impressum / Colophon

Editeur / Editor
swissmonographies:
Harald R. Stühlinger

Révision / Editorial reading:
Silke Rabus, Vienne;
Doris Tranter, Bâle;
Antonin Danalet, Berne

Traduction / Translation:
Patricia Nydegger, Zurich;
Roderick O'Donovan, Vienne

Concept et design / Design concept:
Pascal Storz, Berlin;
Fabian Bremer, Leipzig;
avec / with Hannes Drißner, Leipzig; Lucas Manser, Bâle

Illustration de la couverture / Cover illustration:
Moritz Wick, Zurich

Composition / Typesetting:
Lucas Manser, Bâle

Traitement des images / Lithography:
DZA Druckerei zu Altenburg GmbH, Altenburg

Impression et reliure / Printing and binding:
DZA Druckerei zu Altenburg GmbH, Altenburg

Police d'écriture / Typeface:
Union

Papier / Paper:
Munken Print White 15, MaxiGloss, Profitop opak

L'auteur et l'autrice se sont efforcés de retrouver tous les détenteurs de droits d'auteur. Si des erreurs ou des omissions ont été commises, nous vous prions de nous en informer.

The authors have made every effort to locate all copyright holders. Should any errors or omissions have occurred, please inform us.

Information bibliographique de la Deutsche Nationalbibliothek : La Deutsche Nationalbibliothek a répertorié cette publication dans la Deutsche Nationalbibliografie ; les données bibliographiques détaillées peuvent être consultées sur Internet à l'adresse http://dnb.dnb.de.

Bibliographic information published by the Deutsche Nationalbibliothek: The Deutsche Nationalbibliothek lists this publication in the Deutsche Nationalbibliografie; detailed bibliographic data is available on the Internet at http://dnb.dnb.de.

© 2023 Christoph Merian Verlag

© 2023 Textes / Texts:
Christina Haas;
Harald R. Stühlinger

© 2023 Illustrations / Illustrations:
Voir le crédit photo / see Photo credits

Toute reproduction intégrale ou partielle de l'ouvrage, par quelque procédé que ce soit, est interdite sans l'autorisation écrite de l'éditeur.

All rights reserved; no part of this publication may be reproduced, stored in a retrieval system or transmitted in any form or by any means, electronic, mechanical, photocopying, recording or otherwise, without prior written permission from the publisher.

ISBN 978-3-03969-025-1

Edition allemand-anglais / German-English edition:
ISBN 978-3-85616-998-5

www.merianverlag.ch

Crédits photos / Photo credits

Julian Salinas:
Images du début / Opening image spreads, Fig. 8–9, 11, 15–18, 20–22, 25–30, 32, 65–66, 68, 75–76, 90–93, Images de fin images / Closing image spreads images 1–4, 7–8, Quatrième de couverture / Back cover

Moritz Wick:
Fig. 1, 10, 12, 67, Images de fin image / Closing image spreads image 6

Archives de la Ville de Lausanne (AVL):
Fig. 2, 53–55, 57

Musée Historique Lausanne (MHL):
Fig. 3–7

Archives de la construction moderne (ACM):
Fig. 13–14, 31, 35–52, 56, 58, 60–64, 69–74, 77–80, 82, 84–85, 94–97

Linus Kneubühler:
Fig. 19, 24, 33, Images de fin image / Closing image spreads image 5

Christina Haas:
Fig. 23

Harald R. Stühlinger:
Fig. 34, 83

Maximilian Bächli et / and Manuel Scherrer:
Fig. 59

Bibliothek FHNW:
Fig. 81

Zacharie Grossen:
Fig. 86–89

Fachhochschule Nordwestschweiz
Hochschule für Architektur, Bau und Geomatik